L'ENFANT A LA RENCONTRE DU LANGAGE
Comment l'enfant découvre et crée sa langue maternelle

 *PSYCHOLOGIE ET SCIENCES HUMAINES*

Dominique Taulelle

l'enfant à la rencontre du langage

Comment l'enfant découvre et crée sa langue maternelle

PIERRE MARDAGA, ÉDITEUR
2, GALERIE DES PRINCES, 1000 BRUXELLES

© Pierre Mardaga, éditeur
37, rue de la Province, 4020 Liège
2, Galerie des Princes, 1000 Bruxelles
D. 1984-0024-32

*A la mémoire de Raymonde Péré,
dite Minou*

Préface

Voyage au centre du langage — tel pourrait être le titre de l'extraordinaire aventure relatée par Dominique Taulelle dans cet ouvrage. Les protagonistes de cette aventure ne sont pourtant autres que les propres enfants de l'auteur aux prises avec... la langue de leur entourage — le français !

L'intérêt de l'entreprise réside dans le fait que l'observatrice est ici doublée d'une linguiste. Le lecteur se verra donc offrir, au-delà d'un inventaire plein de poésie et d'humour des créations langagières enfantines, une ANALYSE *du sens caché* des prestations de Djamilia et de Michaël et par-delà, une véritable i n i t i a t i o n à la problématique complexe du langage.

Les enseignants, les éducateurs au sens large, les parents bien entendu, trouveront dans ce livre des réponses précises et originales aux questions qu'ils se posent au sujet de l'apprentissage de la langue maternelle. Au-delà des idées reçues, c'est ici la dé-banalisation intelligente d'un domaine où jusqu'ici la description «aveugle» a tenu lieu d'explication. On saura gré à Dominique Taulelle d'avoir simplifié quelque peu l'approche théorique pour se mettre à la portée du grand nombre mais l'essentiel du message linguistique et psycholinguistique a été préservé: l'imitation ne peut *en aucun cas* rendre compte de l'appropriation par l'enfant de sa langue première. Tous les petits d'homme doivent en effet conquérir de haute lutte les lois et les principes qui régissent la langue de leur milieu. Ce sont les péripéties de ce combat passionnant qui nous sont présentées ici — combat à l'issue duquel l'enfant aura maîtrisé les règles du jeu non-conscientes qui débouchent sur l'infinité des énoncés possibles.

L'ouvrage de Dominique Taulelle est la version remaniée d'une thèse de Troisième Cycle qu'elle a soutenue à l'Université de la Sorbonne Nouvelle (Paris III) en janvier 1983 et qui lui a valu la mention TRES BIEN. Promoteur de cette recherche, j'aimerais dire ici que cette thèse a été une contribution authentique à la théorie générale élaborée sous mon égide par l'équipe du CRELINGUA.

Henri Adamczewski,
professeur à la Sorbonne.

Introduction

Qui n'a pas été émerveillé par la facilité avec laquelle les enfants apprennent à parler ? Le langage semble leur venir naturellement, sans efforts, se développant et se complexifiant sans que les étapes de son acquisition en soient planifiées dans des manuels fastidieux qu'ils seraient tenus d'ingurgiter à intervalles réguliers.

Ils sont pourtant si jeunes; il semblerait que leur capacité à apprendre soit moindre qu'ensuite. De la naissance à six ans, quels sont leurs atouts, leurs capacités, leurs aptitudes, pour affronter avec un tel succès l'une des créations humaines les plus complexes ?

Quand nous essayons d'apprendre une langue étrangère, et bien que nous soyons avantagés par le fait que nous possédons déjà une langue au moins — notre langue maternelle — que nous savons plus ou moins comment fonctionne le langage; cela est très difficile. Acquérir seulement ce qu'un enfant de six ans peut dire dans sa langue maternelle nous demande des années d'efforts et de persévérance. Et eux, en quelques années — les premières de leur vie — passent d'un langage quasi inexistant à un langage extrêmement structuré, qui leur permet d'exprimer leur pensée et de communiquer avec les autres. Et cela, sans efforts apparents.

En fait, l'enfant accomplit un travail considérable pendant ces années. Il lui faut comprendre dans les énoncés qui lui sont adressés, ce que signifient les mots, puis comprendre comment ils sont associés;

percevoir, derrière les phrases entendues, les règles qui ont permis de les construire. Il doit ainsi découvrir tous les outils de la langue, cet ensemble de règles abstraites qui nous permet de créer des énoncés originaux aptes à traduire notre pensée.

Dans ce livre, on va essayer de voir ce travail de l'enfant. On va voir les enfants réfléchir, essayer de comprendre, essayer d'assimiler, de s'approprier les éléments de la langue parlée par leur entourage. Pour parler de ce formidable travail, je préfère utiliser le terme APPROPRIATION DU LANGAGE : l'enfant repère et analyse les énoncés, analyse le fonctionnement de la langue qui lui est parlée; et avec ce travail, *il la fait sienne,* il s'en approprie tous les éléments, à son rythme, à sa façon. On va dans ce livre en voir quelques moments.

Cet immense travail est comme un iceberg dont seule une infime partie est visible. Cette partie visible sera le sujet de la première partie du livre : les COMPORTEMENTS METALINGUISTIQUES (c'est-à-dire : dirigés vers, centrés sur, vis-à-vis, à propos de langage) de l'enfant. On y voit l'enfant jouer avec les mots et les structures de la langue et réfléchir à leur propos, poser des questions, bien différentes de ce que l'on trouve dans les manuels de grammaire, essayer des structures équivalentes, faire des remarques sur la syntaxe, etc.

Ensuite, en deuxième partie, on pourra entrevoir la partie invisible, cachée et pourtant essentielle, de ce travail d'appropriation : c'est la mise en place de STRATEGIES pour s'approprier un mot du lexique ou une structure grammaticale.

Bien souvent, ce travail d'appropriation de l'enfant nous est révélé par une «faute» qu'il fait dans l'utilisation de la langue. Par exemple, lorsqu'un enfant dit : «J'ai tout peinturé», on voit bien qu'il a perçu une règle — à partir de «j'ai tout mangé» par exemple — et qu'il l'applique au verbe «peinturer». Cette faute, comme beaucoup d'autres «fautes grammaticales» des enfants, peut être analysée comme une étape dans la construction de leur grammaire. C'est pourquoi la deuxième partie du livre parlera de LA GRAMMAIRE DES FAUTES; les fautes révélant l'existence d'une grammaire, même si celle-ci est parfois différente de la nôtre.

Dans ce livre, le lecteur spécialiste comprendra que certaines démonstrations aient été abrégées afin de ne pas alourdir l'ensemble qui vise à donner une représentation *globale* du langage et de son acquisition.

Quant au lecteur non spécialiste, il lui faudra peut-être parfois passer rapidement sur certains développements un peu techniques de la seconde partie. Ils ont été rédigés afin de donner une idée de la complexité réelle du langage. Celui-ci est à la fois bien plus complexe que ce que l'on imagine, et bien moins complexe que ce que suggèrent habituellement les manuels de grammaire.

Les exemples traités dans ce livre sont des énoncés produits spontanément en diverses occasions de la vie quotidienne, par mes deux enfants, entre 2 et 6 ans (Djamila et Michaël), ainsi que par quelques-uns de leurs petits amis. Ont également été utilisés quelques énoncés recueillis en crèche (grande section, entre 15 et 36 mois), ainsi que quelques observations de la petite Clara, entre 17 et 20 mois*. On trouvera en annexe l'ensemble de ces énoncés rassemblés en un corpus que l'on peut considérer comme un micro-panorama du développement linguistique des enfants.

---

* Je remercie vivement Mme Valin, directrice de crèche à Paris, ainsi que Mme Rumen, jardinière, qui m'ont permis de mener mes observations à ma guise, et dont l'amitié m'est précieuse. Je remercie également Blandine Bril qui m'a aimablement communiqué ses propres observations de sa fille Clara.

PREMIERE PARTIE
REFLEXION ET JEU SPONTANES DE L'ENFANT SUR LE LANGAGE (COMPORTEMENTS METALINGUISTIQUES)

Chapitre I
L'enfant réfléchit spontanément sur le langage (quelques comportements métalinguistiques de l'enfant)

La préoccupation de l'enfant pour le langage est continuelle. Comment pourrait-il d'ailleurs en être autrement dans une période d'acquisition ?

Cependant, cette préoccupation prend des formes opaques parfois. Quand un enfant comme Michaël à (4 ans, 7 mois), demande à sa sœur Djamilia de (6,8) qui vient d'utiliser ce mot : « C'est quoi *accuser ?* » dans l'observation n° 335 (Obs. 335) que voici :

```
Obs.335   MI(4,7)/DJA(6,8)   24/3/81:

MI et DJA parlent ensemble. DJA raconte quelque chose
qui s'est passé à l'école. Au fur et à mesure, MI
lui pose très sérieusement des questions dont voici
un exemple typique:

Mi  - c'est quoi, accuser?
Dja - ça veut dire que c'était lui qui l'avait fait
      et il disait que c'était l'autre.

DJA répond très sérieusement.
..........
```

il est aisé d'observer que Michaël s'est « arrêté » aux mots, qu'il s'est mis à réfléchir à leur propos, qu'il demande une information métalinguistique (« à propos » du langage).

Le petit dialogue suivant entre un enfant de 7 ans environ et sa grand-mère est déjà une réflexion métalinguistique plus «opaque» à l'observation :

```
Obs.517      B(environ 7 ans) (rapportée par B. BRIL):

l'enfant, environ 7 ans, a renversé de l'eau dans la
salle de bain; sa grand-mère essaie d'être conciliante:

GdM - oh, mon chéri, pourquoi t'as fait ça?...
  B - pourquoi tu dis pas "mon p'tit con" ?
```

Dans ce petit dialogue amusant, l'enfant à nouveau s'est «arrêté sur les mots» et a posé une question métalinguistique. Cette question est relativement opaque. On peut y voir au moins deux questions imbriquées. L'une est quelque chose comme : «Tu as dit *mon chéri,* mais ce terme est gratifiant; comment peux-tu utiliser un terme gratifiant puisque j'ai fait une bêtise?». La seconde question que l'on peut deviner de la part d'un enfant déjà grand et qui a donc une bonne idée des différents niveaux de langue selon le statut des personnes, pourrait être : «Pourquoi une grand-mère, ça ne dit pas *mon p'tit con?*».

Donc la réflexion de l'enfant peut prendre des formes difficiles à analyser. Même si l'on ne retient pas la même interprétation que celle que je viens de donner du dialogue précédent, il n'en demeure pas moins que, aussi opaque dans sa formulation qu'elle soit, cette question est une réflexion métalinguistique spontanée de l'enfant et qu'à ce seul titre, elle est un élément d'information important sur l'activité d'appropriation du langage.

Les questions opaques constituent une des formes de la réflexion métalinguistique de l'enfant; on en verra de nombreux exemples dans ce chapitre. Mais il y a plus opaque encore; c'est lorsque l'enfant ne formule rien, ne demande rien, et qu'il ne fait qu'observer. Nous allons commencer par cette forme de la réflexion spontanée de l'enfant.

LE REGARD, LES MIMIQUES ET LE RIRE

1. Le regard

Il apparaît en effet bien souvent comme un indice de l'attention de l'enfant pour un aspect du langage. Le regard est un des moyens essentiels de l'enfant pour demander des informations linguistiques. Il est une des traces les plus sensibles de son intérêt pour le langage, de sa curiosité métalinguistique.

Le regard qui interroge n'est pas une question formulée de telle façon qu'elle soit aisément «décodée» par l'adulte. En général, celui-ci n'est pas conscient de l'échange muet qui se greffe sur la communication quand l'enfant se met à l'observer avec attention alors qu'il vient de prononcer un mot mal connu. L'adulte ne saura situer le lieu où a été formulée la question (les yeux de l'enfant); mais ce qui est remarquable, c'est que l'adulte répond à la demande muette de l'enfant. Inconscient qu'une question a été formulée, il y répond tout de même : il se met à expliciter — réutiliser le mot dans un nouveau contexte, donner des synonymes à la place du mot difficile... —. Si l'on demande alors à l'adulte pourquoi il vient de se reprendre, il répond bien souvent qu'il n'y a aucune raison particulière, qu'il suppose que l'enfant «a besoin» de cette information «en général» et que ce moment est aussi bien choisi qu'un autre pour la lui donner... Il sent rarement que c'est l'enfant qui a initié l'échange.

Voyons quelques exemples :

```
La petite fenêtre d'un jouet ayant été recollée le
jour précédent, elle est sur une étagère en hauteur.
ROM(2,7) prend le jouet correspondant, puis se rap-
pelant qu'il y manque la petite fenêtre, vient vers
Ad., désigne l'étagère (du doigt et des yeux - ce
qui invite l'interlocuteur à regarder vers le même
endroit -) en disant:

Rom - /la fɛnɛt, akɔte! akɔte!/.../akɔte/!...
         [la fenêtre, à côté (5 fois)/lafɔnɛtR, akɔte/]

dit cela pour encourager l'Ad. à chercher; il ne
s'agit pas d'une localisation de la même précision
qu'en français oral.
                        (crèche)  Obs.560
```

Romain ne voit pas l'objet qu'il demande à l'adulte (l'objet est caché) mais il regarde et désigne du doigt l'étagère; il invite l'adulte à chercher dans cette région. Son regard est double; d'un côté, il «force» l'adulte à regarder dans la même direction; de l'autre, ce regard l'informe sur la compréhension qu'a l'adulte du terme utilisé. (Je précise que pour Romain alors, «à côté» est un outil de localisation certes, mais global; il n'a pas la même précision que pour l'adulte).

Ce regard accompagne ce que dit l'enfant. L'enfant a essayé un mot et il regarde l'adulte pour voir sa réaction à ce mot. Cette forme de question métalinguistique est encore un des moyens les plus utilisés par l'adulte pour vérifier, en un bref échange muet, que son interlocuteur a bien compris le terme qu'il vient d'employer.

Voici une série d'observations portant sur des sortes de métaphores-jeux que Michaël et Djamilia ont utilisées pendant toute une période, sur une initiative de Michaël à (5,0). Je n'ai pû retrouver l'origine de ces « comparaisons » (« comme une nouille, comme une trouille, comme une grouille... ») :

Obs.444   MI(5,0)   10/8/81 :

MI raconte une histoire qu'il invente :

- ...*il pleurait, mais il pleurait (-) comme une nouille.**

*regarde vers l'Ad. (voir également les 2 Obs. suivtes)

Obs.445   MI(5,0)   11/3/81 :

Mi - *Cyril (-) il pleurait comme une trouille**
Ad. - *oh la la! tant que ça! comment il pleurait?*
Mi - *comme une (-) trouille***

* regard vers l'Ad., peu sûr de sa formulation ;
** intonation affirmative, mais regard vers l'Ad.

Le regard vers l'adulte est difficilement interprétable. La suite de l'observation 445 montre rétrospectivement que Michaël est bien préoccupé par la signification de ces « métaphores » :

A plusieurs reprises, (2 jours et 4 jours plus tard) MI demande :

Mi - *qu'est-ce que c'est une trouille?*
Ad. - *c'est quand on a peur...*
       ou bien - c'est la peur.
Mi - *oh! toujours pareil!* (peu satisfait mais n'insiste pas)

"comme une trouille" et "comme une nouille" sont restées dans les comparaisons utilisées par MI et DJA depuis, pendant longtemps.
12/81, DJA et MI utilisent encore "comme une trouille" quand ils ont envie de dire quelque chose de plus

> que le simple adjectif signifiant réellement ce qu'ils veulent dire à propos du terme en discussion. Cela n'a cependant aucune signification pour eux, c'est devenu un mot-jeu, comme une interjection que l'on a pris l'habitude de dire à tout bout de champ.

Michaël cherche des informations sur ces termes. En même temps, il les utilise par simple jeu. Pendant plusieurs mois, Michaël, puis Djamilia, ont régulièrement ajouté ces petites «comparaisons» — sans significations? — à leurs énoncés. Voyons la suite de cette série:

> Obs.446 MI(5,0) 12/8/81:
>
> Ad. ouvre la fenêtre:
>
> – eh! j'veux pas être gelé comme de la saucisse!
>
> (rires, réf. à ces expressions adoptées en ce moment. Ici, le rire est provoqué par le fait que l'expression utilisée ici n'est pas formée de la même façon que les autres; "trouille", "nouille", "grouille"... sont souvent sans signification (pour eux, en tout cas) et ont des phonèmes en commun /tRuj/-/nuj/-/gRuj/.

Je n'ai noté aucun regard particulier mais la réflexion sur ces métaphores continue; le rire en témoigne (on verra plus loin qu'il a parfois valeur d'indice de réflexion métalinguistique également). Depuis cette création, «gelé» a été systématiquement accompagné de «comme de la saucisse». Les adultes eux-mêmes ont repris cette expression plusieurs fois par complicité avec Michaël et Djamilia.

> Obs.448 MI(5,0) 19/8/81:
>
> pendant le repas, tout à coup:
>
> Mi – dans ma tête, j'ai une trouille, hein, dis donc...(nous regarde et poursuit) une nouille, plutôt...
> Ad. – et qu'est-ce que ça fait?
> Mi – oh, c'est pour rire en fait...
> Ad. – mais c'est comment?
>
> MI parle d'autre chose, ne veut pas poursuivre cette discussion. (trouille, comme "nouille" lui ont peut-être été dits comme des injures par un autre enfant).

Là, on voit nettement Michaël essayer une utilisation de ces termes qui pourrait les expliciter. Devant l'incompréhension des adultes (comme lors de l'Obs. 445), il n'insiste pas.

Il existe un autre type de regard « métalinguistique », c'est le regard à l'occasion de ce que dit l'autre (par opposition au regard qui accompagne ce que dit l'enfant pour vérifier que l'autre a compris). C'est une manifestation de l'intérêt de l'enfant pour les mots et structures utilisés par les autres. On ne peut que noter un tel regard, mais il ne suffit pas. En effet, on ne peut l'attribuer avec certitude. Le langage étant pluri-dimensionnel, une question aussi peu explicite peut concerner au moins trois niveaux différents; ce peut être une question pragmatique (pourquoi X dit-il Y?); une question sur le sens des mots ou une question sur les structures grammaticales derrière les mots...

Même difficilement interprétable, le regard n'en reste pas moins un signe évident de l'intérêt de l'enfant pour le langage et dans d'autres observations, citées pour d'autres phénomènes, on remarquera que noter ce regard est parfois décisif.

2. Les mimiques

Dans le même ordre d'idées que le regard qu'on vient de voir, je voudrais signaler le fait que certaines expressions du visage (mimiques) sont parfois révélatrices d'une réflexion métalinguistique. On verra ces mimiques signalées dans les observations lorsqu'elles m'ont semblé utiles. Je voudrais seulement insister sur la mimique « visage éclairé » comme signal de la résolution (qui reste muette) d'un problème métalinguistique.

```
Obs.234   DJA(6,5)   12/80:

j'ai deviné par avance qu'elle cherche le mot "beau-
coup":

Dja - j'm'en rappelle pas...de...souvent trucs, quoi!
      ...euh, de...
Ad. - beaucoup?
Dja - beaucoup!   (visage "éclairé")
```

Il est particulièrement difficile de décrire une mimique. « L'éclairement » mentionné ici est un reflet d'une prise de conscience, d'une « lumière » soudainement apportée sur un problème confus. Ici, elle signale la résolution d'un problème linguistique : Djamilia cherchait « beaucoup » et lorsque celui-ci lui est proposé, elle le « reconnaît », elle l'« attendait ». (On reviendra plus loin sur le remarquable « souvent trucs »).

Cette mimique particulièrement, d'autres également, sont parfois des indices de réflexion métalinguistique. Le regard, les mimiques (ou le rire, que l'on va voir ensuite) ne s'appliquent pas exclusivement au langage. Ils sont difficiles à attribuer avec certitude et ne véhiculent en fait qu'une information globale : ils « signalent » un phénomène mais ne suffisent pas pour le comprendre.

3. Le rire

Les manipulations poétiques et autres jeux de langage sont le plus souvent soulignés du rire de l'enfant — et de l'entourage fréquemment — aussi en verra-t-on de nombreux exemples dans le deuxième chapitre. Je le signale ici pour ce qui le rapproche du regard et des mimiques; il est un indice global. Quand un enfant rit, on ne sait jamais exactement ce qui le fait rire — il en est de même avec les adultes d'ailleurs.

Prenons ce jeu de mot de Djamilia à (5,10). Elle ne voulait pas sortir du bain où elle jouait depuis plus d'une heure. Elle était d'humeur particulièrement joyeuse :

```
Obs.196   DJA(5,10)   5/80 :

j'ai du mal à faire sortir DJA du bain où elle joue
depuis une heure au moins (référence : le vocatif : "mon
vieux! ma vieille!...")

Ad. - allez, sors du bain, ma vieille!
Dja - j'suis pas une vieille, j'suis une neuve!

(éclats de rire)
cet épisode a été raconté et reraconté dans la famil-
le; en 7/82, DJA en est encore toute fière.
```

C'est assurément le jeu de mot sur le double sens de « vieille » (« vieille » s'opposant à « neuve » d'une part; les vocatifs familiers « mon vieux, ma vieille » de l'autre). Mais ce qui fait rire Djamilia est global; il entre en plus du jeu de mot même, indice d'un travail métalinguistique, la joie mêlée de fierté d'avoir produit un jeu de mot; le plaisir un peu coquin d'avoir encore retardé la sortie du bain, d'avoir aussi décontenancé l'adulte...

Le rire est donc peu explicite mais lorsqu'il a pour prétexte un phénomène linguistique, il peut être un indice intéressant. Son absence même peut être un signe intéressant. Ainsi dans certains «bons mots d'enfants» lorsque l'enfant lui-même ne rit pas, c'est parfois le seul signe tangible que l'enfant ne maîtrise pas le jeu de mot qu'il a produit (voir chapitre II-4). Prenons par exemple le très joli jeu de mot de Michaël à (3,11) qui nous désigne un buisson en s'écriant :

```
Obs.209    MI(3,11)    7/80:

- oh, une étoile d'araignée!

création involontaire à partir d'un mauvais découpage
l'étoile, les/toile.
```

L'origine du jeu de mot compris par les adultes dans cette exclamation de Michaël est un mauvais découpage: les/toiles d'araignée — l'é/toile. Mais pour Michaël, il n'y a pas eu jeu de mot. Le terme qu'il a utilisé est le seul qu'il possède pour décrire ce qu'il veut décrire; il ne rit pas, ne sourit pas comme le fait l'adulte ou l'enfant plus grand, parce qu'il n'a pas la même maîtrise du langage.

Donc le rire peut être une information importante sur les préoccupations métalinguistiques de l'enfant. On en verra de nombreux exemples dans le deuxième chapitre.

LES QUESTIONS EXPLICITES, IMPLICITES ET OPAQUES

L'enfant pose des questions sur le langage, la plupart du temps sur le sens des mots. Les questions explicites sont l'aspect le plus visible de cette activité.

1. Les questions explicites

Par ce type de question, l'enfant demande une équation entre un terme et une «paraphrase». Voyons la première partie de l'Obs. 335; à la question «accuser = ?», Djamilia fournit la paraphrase «C'est lui qui l'avait fait et il disait que c'était l'autre».

Dans la suite de l'Obs. 335, on voit que la paraphrase peut rester muette — à l'état de geste — ce qui est fréquent, même dans les réponses d'adultes.

```
Obs.335  MI(4,7)/DJA(6,8)  24/3/81:

MI et DJA parlent ensemble. DJA raconte quelque chose
qui s'est passé à l'école. Au fur et à mesure, MI
lui pose très sérieusement des questions dont voici
un exemple typique:

Mi  - c'est quoi, accuser?
Dja - ça veut dire que c'était lui qui l'avait fait
      et il disait que c'était l'autre.

DJA répond très sérieusement.
..........
Quelques minutes plus tard, Sabrina raconte quelque
chose à DJA et cette fois-ci, c'est elle qui deman-
de avec le même sérieux que MI plus tôt:

Dja - c'est quoi, dandiner?

Sabrina fait un geste des hanches, sans se déplacer,
puis poursuit son histoire.
```

2. Les questions implicites

La question implicite, contrairement à la question explicite, n'interrompt pas la communication pour demander le sens d'un mot ou d'un élément grammatical; elle «formule» la paraphrase et il ne subsiste du questionnement pour obtenir le terme manquant que le «regard» signalé plus haut ou l'intonation montante ou simplement hésitante.

Voici l'Obs. 263 :

```
Obs.263  MI(4,5)  27/1/81:

MI a mis un immense pull à capuche appartenant à Ad.

Mi  - derrière, là, c'est ma capuche où on met les
      jouets
Ad. (riant) - ...une hotte?
Mi  - oui, une hotte.
```

Parce qu'une réponse a été fournie (un premier terme à l'équation : «x = une capuche où on met les jouets»), on peut considérer que l'énoncé de Michaël fonctionne comme une question, mais «indirecte», «implicite». Dans la formulation d'une paraphrase de ce type, on peut considérer qu'il y a véritable stratégie pour signifier. En effet, Michaël sait qu'il existe un terme précis pour ce genre de capuche (Noël était encore proche avec les histoires où le mot «hotte» était apparu de nombreuses fois). Il trouve comme il peut un moyen pour signifier ce mot alors qu'il ne le maîtrise pas suffisamment pour que celui-ci se présente «automatiquement» lorsqu'il le désire.

Dans cette Obs. (263), comme dans l'Obs. 234 («souvent trucs»), l'adulte fournit un terme pour la partie manquante de l'équation mais il est fréquent qu'aucune «réponse» ne soit apportée, les interlocuteurs estimant la formulation trouvée, suffisante pour la communication en cours.

On verra d'autres exemples de questions implicites dans la deuxième partie à propos des objets linguistiques.

3. Les questions opaques

Il existe encore un ensemble de questions posées à l'interlocuteur, mais leur formulation est opaque et souvent la réponse est inappropriée.

Voici par exemple l'Obs. 250:

```
Obs.250   MI(4,5)   15/1/81:

on attend la fin du cours de gymnastique de DJA. On
peut regarder ce qui se passe dans le gymnase grâce
à une verrière.

Mi  - elle est finie, la gym de Djami?
Ad. - non, je vais aller regarder d'ailleurs.
Mi  - d'ailleurs (-) elle est finie?
Ad. - non.

( le deuxième énoncé de MI signifie:   quand tu dis
"d'ailleurs",est-ce que ça veut dire "elle est finie"?)
```

Je dois préciser que dès avant le premier énoncé, Michaël connaît la réponse à sa question. Lorsque le cours de gymnastique est terminé, les enfants sortent en courant, riant et criant, de la salle, de sorte que les vestiaires sont très bruyants. Michaël connaît très bien cet indice. Je pense que sa question est plus une manifestion d'impatience qu'une question réelle sur la fin du cours. Donc, avant même ce dialogue, Michaël sait que le cours n'est pas fini; après les deux premières répliques, cela lui est encore confirmé. Le troisième énoncé n'est pas une reproduction du premier (c'est pourtant ainsi que je l'ai alors interprété et la réponse 4 est une duplication de la réponse 2). La question 3 est en fait une question sur le langage et non sur l'événement extra-linguistique (hors du langage) qu'est le cours de gymnastique.

«d'ailleurs (-) elle est finie?»
peut être développé ainsi:
«quand tu dis *d'ailleurs*, tu veux dire *elle est finie*?»

Michaël pose une question, à formulation opaque, sur le rôle de D'AILLEURS. Pour quelqu'un qui ne maîtrise pas D'AILLEURS, il est possible d'interpréter l'énoncé 2 comme:

«non, je vais aller regarder EN FAIT (je vais aller vérifier, voir si elle est *bien* finie...)»
de sorte que la question 3 devient claire:
«quand tu dis *d'ailleurs*, tu veux dire:
elle est finie
elle est bien finie
elle est vraiment finie...»

L'énoncé 4 montre que je n'ai pas perçu alors la qualité métalinguistique de la question de Michaël (on reviendra sur D'AILLEURS plus loin). Le fait que le dialogue s'arrête ensuite peut avoir deux causes: 1) Michaël a compris que je ne pourrais apporter plus de précision à sa question réelle et il arrête donc l'échange à ce propos; 2) comme l'adulte a répondu négativement à deux reprises, l'échange est bloqué; Michaël n'insiste pas et continue le jeu de petites voitures qu'il menait auparavant et je suis déjà en train de regarder la gymnastique. On ne peut départager ces deux interprétations.

Dans la «nomination jubilatoire» également — brève période entre 1 et 2 ans, lorsque l'enfant a «découvert» qu'à tout objet est associé un nom — de nombreux énoncés sont des questions opaques de ce type. L'enfant a repéré que l'on peut associer systématiquement un mot (un signe linguistique) à chaque objet et il se met à désigner tous les objets qu'il voit, soit pour demander le mot qui lui correspond (le geste sert de question), soit pour obtenir confirmation, en produisant lui-même le mot (l'association geste-mot est alors la question).

Voici un dernier exemple, à mi-chemin entre la nomination jubilatoire et l'exemple avec D'AILLEURS à (4,5). Il s'agit de l'Obs. 36:

```
Obs.36   MI(3,0)   8/79:

joue à "l'eau" (un de ses grands plaisirs) debout de-
vant l'évier; l'eau coule du robinet dans une cuvette
où flottent de nombreux objets pour transvaser, laver...
```

> après un long jeu sans parler, se tourne vers moi, dit:
>
> *- quand l'eau coule, et ben ça marche*

A nouveau, il s'agit d'une question à caractère métalinguistique, une question sur la langue: «quand l'eau coule, et ben ON DIT ça marche»; comme dans l'Obs. 250 «QUAND TU DIS d'ailleurs, TU VEUX DIRE elle est finie». La question n'est pas référentielle (c'est-à-dire qu'elle ne porte pas sur ce qui semble explicitement demandé); mais métalinguistique et porte sur le rôle de «ça marche» (voir également Obs. 37).

Ainsi, à travers ces exemples, on a vu l'enfant poser des questions prenant plus ou moins son entourage pour informateur sur le langage. Voici maintenant des remarques et observations diverses émises par les enfants non sollicités et qui n'ont plus le caractère de question posée à l'entourage.

OBSERVATIONS DIVERSES FAITES PAR LES ENFANTS SUR LA LANGUE

Voici tout d'abord un énoncé de Michaël à (2,10). Dès (2,6), il était intrigué par les mamans étrangères (au square ou devant la maternelle) qui parlent une langue incompréhensible pour lui. Il arrête son jeu systématiquement pour écouter et observer:

> Obs.30 MI(2,10) 6/79:
>
> Au square, une maman algérienne parle assez vivement à ses enfants, en arabe. MI a arrêté son jeu et l'a observée un moment. Lorsqu'elle a fini et s'est à nouveau assise, MI vient vers moi et dit doucement en la regardant:
>
> *- elle parle n'importe comment*

Il ne faut pas voir ici un jugement de valeur mais plutôt à nouveau une préoccupation métalinguistique. Michaël a repéré qu'il s'agit d'un langage: les enfants écoutent et comprennent, hochent la tête; il y a dialogue, dispute (il ne s'agit pas d'un jeu où l'on prononce n'importe quoi). Tout signale à Michaël qu'il s'agit donc d'un langage (cf. «elle parle») mais il ne le comprend pas (cf. «n'importe comment»). C'est sa première expérience de la diversité des langues.

Cet énoncé est le seul où Michaël ait « dit » quelque chose à ce sujet. Auparavant, il se contentait de regarder avec un air intrigué ou intéressé, ou d'échanger un sourire avec un autre observateur. Plus tard, vers 3 ans, Michaël imite les intonations et les sons (du portugais et de l'arabe notamment), retenant certaines caractéristiques de ces langues, que je n'ai pu recueillir systématiquement.

Voici une remarque faite par un tout jeune enfant (3,10) sur un terme du lexique : BASKET.

```
Obs.4  DJA(3,10)  22/5/78:

réfléchit sur les mots tennis et baskets pour désigner
les chaussures de sport (nous utilisons les deux ter-
mes bien qu'il n'y ait que des tennis à la maison),
elle sait que la différence est une question de hau-
teur (incluant ou non la cheville):

- les baskets, c'est les plus basses.

(cette réflexion était non sollicitée)
```

Bien que « parce que » ne soit pas formulé, on le sent parfaitement sous-jacent à cet énoncé : « les baskets, c'est les plus basses, PARCE QUE dans *basket*, il y a *basses* ». En effet, on peut considérer cet énoncé comme une formulation opaque d'une « règle » (nous reviendrons plus loin sur ce caractère). A (3,10), Djamila a déjà remarqué que les « mots » sont parfois construits de façon significative (comme « français » parce que contenant « France ») et elle étend ce principe pour formuler une réponse au problème linguistique qu'elle a soulevé.

L'observation suivante nécessite une « traduction » car sa formulation est opaque. Il s'agit d'une observation sur ce que vient de dire un autre enfant :

```
Obs.229  MI(4,3)  21/11/80:

MI et STEphane viennent de se disputer; en représail-
les, STE critique le premier objet qu'il trouve appar-
tenant - représentant! - MI.

Ste - ta photo, elle est pas belle!
Mi  - si
Ste - non!
Mi  (donne un coup à STE)
    - elle est belle, hein?
Ste - oui
```

> *Mi* (se tourne vers moi)
> - *il dit non pour croire (-) et il dit oui pour pas croire.*

POUR CROIRE est synonyme de «par jeu», «en faux», «pour de faux»... et POUR PAS CROIRE en est la négation; soit «pour de vrai». On pourrait paraphraser ainsi ce que dit Michaël: «En fait, il veut dire que ma photo est belle, et par plaisanterie, il a dit qu'elle n'était pas belle». L'émergence de l'utilisation d'expressions telles que «pour de vrai, pour de faux, même pas vrai...» est particulièrement intéressante; ces expressions sont typiquement centrées sur ce qui est dit (de l'ordre de la modalité linguistique: jugements sur ce qui est dit) et il n'est pas surprenant d'y voir associé le verbe «croire».

Dans l'observation suivante, Djamilia (6,2) non sollicitée, tente d'expliquer pourquoi elle n'a pas compris ce que l'adulte venait de dire:

> Obs.225 DJA(6,2) 30/9/80:
>
> un Ad. vient de parler de la gare de Lyon; DJA a mal compris; après avoir fait répéter, elle explique (non sollicitée):
>
> - *tu sais, moi, quand tu as dit "gare", j'avais compris "guerre" (-) parce que /gɛ/ - /ga/, c'est pareil, /gɛR/ - /gaR/*

En décomposant la première fois /gɛ-ga/, puis la deuxième fois /gɛR-gaR/, Djamilia a mis en évidence ce qui est commun et ce qui différencie les deux termes GUERRE et GARE. On note qu'elle a éprouvé le besoin d'«exprimer» sa réflexion, de se «formuler» ce qui avait provoqué la confusion.

L'observation suivante de Djamilia (6,2) a été suscitée par la malprononciation systématique de Michaël (4,1) de MAINTENANT (prononcé /mɛknã/ au lieu de /mɛ̃tnã/:

> Obs.215 DJA(6,2) 9/80:
>
> "maintenant" = /mɛ̃tnã/
>
> *Mi - oui*, /mɛknã/
> *Dja - Michaël, on dit pas* /mɛknã/, *on dit* /mɛ̃tnã/.

> *et si t'es trop petit, tu peux dire* /mɛ̃nã/,
> *les petits, ils disent comme ça.*
>
> (les enfants très jeunes disent effectivement
> /mɛ̃nã/ le plus souvent)

Le fait que Djamilia pense que l'on peut changer de malprononciation est amusant; mais en fait, en formulant cette remarque, son but n'est pas ce qu'elle dit explicitement (soit: amener Michaël à prononcer différemment). Elle ne fait que signaler ce qu'elle a remarqué à propos de la malprononciation systématique des plus petits.

Une autre remarque très proche, sur un autre terme systématiquement déformé par Michaël alors: CAUCHEMARD prononcé /koʃnaR/ au lieu de /koʃmaR/:

> Obs.275   DJA(6,7)   4/2/81:
>
> Mi - *j'ai pas fait d'cauch'nard (/koʃnaR/) de hibou, aujourd'hui*
> Ad. - *ah, c'est bien!*
> Dja - *eh! on dit pas* /koʃnaR/, *c'est* /koʃmaR/(-)...
>   *c'est mignon quand tu dis* /koʃnaR/(-), *c'est vrai,* /koʃnaR/, *c'est mignon... moi, je voudrais qu'on dirait pas* /koʃmaR/, *on dirait* /koʃnaR/..

Djamilia a exprimé ce souhait fréquemment. Elle n'a cependant pas «adopté» ce mot au point de l'intégrer à son propre lexique (comme «marimarsito» créé par Michaël (3,7), voir Obs. 124; ou «adigodasses» créé par elle-même (4,6), voir Obs. 10, etc.), mais c'est un bel exemple d'attention aux signes et... elle hait les cauchemars, c'est bien le mot qu'elle aime!

Avant de passer à des remarques plus structurées de la part des enfants, remarques qui prennent un caractère d'hypothèses, voire de règles, voyons une dernière observation de Djamilia dans un contexte amusant. Il s'agit d'un véritable «discours sur le discours»:

> Obs.402   DJA(6,9)   29/4/81:
>
> j'envoie DJA se laver les mains et les dents avant de se coucher; elle "marchande":
>
> Dja - *j'en fais un: les mains, pas les dents.*
> Ad. - *c'est pas le moment de compter. Les caries, c'est la nuit que ça se fait.*

> *Dja* (y va en grognant)
> *- oh la la! quelle drôle de maman! (-) je dis même pas amusante, je dis drôle.*

On note une fois de plus le besoin de formuler ce que l'enfant réfléchit: ici, le rapprochement entre «drôle» et «amusant» et la remarque que «drôle» peut avoir deux sens. Tout porte à penser que c'est la première fois que Djamila remarque cette ambiguïté.

On pourra trouver dans le corpus de nombreuses observations à rapprocher de celles qui viennent d'être mentionnées: Obs. 56, 361... ainsi que celles où apparaissent des expressions comme «on dit»: Obs. 134, 333, etc.

FORMULATION D'HYPOTHESES SUR LA LANGUE

Il s'agit, comme jusqu'ici, de remarques sur le langage mais elles prennent un caractère supplémentaire, qui les rapproche des «stratégies» que l'on verra dans la seconde partie.

1. «La langue au chat»

Voyons tout un ensemble d'observations autour du terme «la langue au chat», inconnu de Michaël (3,7) au début de cet ensemble:

```
Obs.108-A   MI(3,7)/DJA(5,8)   1/3/80:
```
> DJA cache quelque chose dans sa main et demande:
>
> *Dja - devine ce que j'ai dans ma main, Michaël?*
>
> MI propose plusieurs noms puis:
>
> *Mi - j'sais pas (/ʃɛpa/)*
> *Dja - mais dis encore*
> *Mi - j'sais pas*
> *Ad. - tu donnes ta langue au chat?*
>
> MI réfléchit puis donne sa bague (bleue) à DJA:
>
> *Ad. - non! tu trouves pas, tu dis "je donne ma langue au chat" (/lãgoʃa/)*
> *Mi - la cochat? (/lakoʃa/)*
> *Ad. - ma langue au chat...allez, Djami, dis lui c' que c'est. Michaël, quand tu sais pas, c'est la langue au chat*
> *Dja - c'est une bille!*

Dans cette première observation, Michaël est troublé par le terme utilisé par l'adulte, mais on sent un besoin de continuer la conversation, une sorte d'«urgence» à trouver quelque chose qui «vaut pour» le terme entendu. Rappelons que pendant sa lente appropriation du langage, des pans entiers en sont inconnus et que l'enfant doit en permanence «faire avec» ce qu'il sait déjà, ce qu'il comprend déjà.

Ici, la bague bleue, offerte le matin même par un ami, semble assez précieuse pour être «objet de gage» (quand on perd dans un jeu — ex.: «tu trouves pas» dans l'énoncé de l'adulte —, on fait quelque chose de spécial — par ex.: courir sur un pied — ou on donne quelque chose à celui qui a gagné).

Le lendemain matin, «langue au chat» est devenu synonyme d'«absence» (soit: la deuxième interprétation possible de l'énoncé de l'adulte de la veille: «tu trouves pas, tu dis...»):

```
Obs.108-B   MI(3,7)   2/3/80(10h):

MI cherche une pièce de puzzle représentant une vache:

Mi - y'a pas la langue au chat au vache

"langue au chat" est synonyme de "absence"
```

Mais on peut également voir dans cet emploi une utilisation «non signifiante», «pour le plaisir» de dire le mot qui l'intrigue (voir le chapitre sur la SUR-UTILISATION); comme une *persévération* du terme qui intéresse Michaël depuis la veille.

```
Obs.108-C   MI(3,7)   2/3/80(15h):

MI a perdu sa bague bleue depuis samedi soir, il l'a
cherchée avec: "où est la bague bleue?" le dimanche
matin (1/3/80), soit avant l'Obs.108-A:

Mi - tiens! la voilà! ma langue au chat bleue! (-)
     donnée(-) c'est Dan qui me l'a donnée.

lors de l'échange 108ᴬ, la bague bleue a été associée
fortuitement à "langue au chat" qui en est devenu le
synonyme.
```

Cet énoncé ainsi que les suivants confirment l'assimilation: «langue au chat» = «bague bleue»; persévération ou choix délibéré par Michaël de la première hypothèse faite sur la signification de ce terme lors du premier échange.

```
Obs.108-D   MI(3,7)/DJA(5,8)   2/3/80(17h):

MI a à nouveau égaré sa bague bleue et se met à la
chercher ainsi:

Mi  - ma langue au chat bleue ?

"langue au chat" est devenu synonyme de "bague bleue"
pour nous tous; quand MI dit "langue au chat", nous
savons qu'il désigne la bague bleue.

DJA s'empare alors de ce mot-jeu et chantonne douce-
ment pour elle-même:

Dja - ma langue au chat bleue ?
      la langue bleue,
      ma langue bleue,
      ma langue de toutes les couleurs,
      j'ai une langue blanche,
      une langue rouge,
      une langue violet,
      une langue bleu clair,
      une langue bleu marine,
      une langue pour toutes les choses,
      une langue qui sait une chose,
      toutes les langues qui "sait" toutes les choses.
```

Pour ce qui concerne la première partie de cette observation, on voit confirmé le choix «langue au chat» = «bague». Par jeu, et prouvant ainsi qu'il SAIT que les mots sont affaire de convention (bien que personne ne soit dupe — pas même Michaël —, nous avons tous admis que le terme «langue au chat» désigne la bague bleue), Michaël lui a attribué un sens précis (qui était auparavant pris en charge par un autre terme).

Le caractère JEU a été perçu par Djamilia (5,8), qui s'est mise à jouer avec le mot elle aussi (jeu substituant une couleur à une autre, puis jeu sur le sens de «langue»...).

Djamilia a repris l'expression qui intrigue Michaël et en a fait un jeu; de la même façon, les adultes se sont mis à plusieurs reprises à parler de cette confusion de Michaël.

Voici enfin la dernière observation de la série :

```
Obs.108-E    MI(3,7)    2/3/80(20h):
Mi  - où est ma langue au chat ?
Ad.   (estimant qu'il ne faut pas que MI continue à
      confondre)
      - c'est une bague, c'est pas une langue au chat.
```

On sent particulièrement dans cette série d'observations, l'imbrication entre réflexion sérieuse et manipulation ludique. D'autre part, cette série est intéressante parce que, sur un temps assez bref, elle permet de suivre l'évolution d'hypothèses faites par un enfant sur la signification d'un terme.

2. Hypothèses diverses

Voici maintenant une nouvelle hypothèse de Michaël à (3,7) :

```
Obs.153   MI(3,7)   18/3/80:
les tartines grillées brûlent:
Ad. - oh la la la la!
Mi  - oh la la! attends, je veux voir, moi...oh! ils
      sont /kRuv/, hein ?
      (me regarde, doute du mot qu'il vient d'employer,
      réfléchit)
      ils sont /kRøv/ ?
pendant ce temps, je continue de m'occuper des tarti-
nes et ne prête qu'une attention limitée à MI
Ad. - ils sont pas /kRøv/, c'est quoi /kRøv/ ?
Mi  - si, ils sont /kRøv/! ils sont d'la fumée.
Ad. - ils sont cramés ?
Mi  (tout bas) - oui...cramés...

MI est à moitié satisfait, ce n'est visiblement pas le
mot qu'il cherchait.
```

La question est métalinguistique et concerne le terme «/kRøv/»: «est-ce que /kRøv/ convient pour désigner ce que tous deux nous voyons?» en est la paraphrase.

Il n'a pas été possible de trouver l'origine de ce terme. Le seul rapprochement que j'aie pu faire («cramés») n'est pas satisfaisant. Or Michaël recherche manifestement un terme précis, signifiant au moins en partie «ils sont d'la fumée», comme il l'explique lui-même. On pourra consulter également les Obs. 166 et 186.

L'observation suivante est intéressante parce qu'il s'agit d'une hypothèse «grammaticale». Il ne s'agit pas seulement de l'usage d'un mot pour un objet, mais du rôle d'un suffixe (on en trouvera une discussion dans la deuxième partie à propos des dérivations):

```
Obs.230  MI(4,3)  21/11/80:

sur la boîte de céréales pour petit déjeuner, les
personnages sont appelés Snap, Crackle (/kRakəl/) et
Pop, par référence au bruit qu'elles font quand on
les mange (à cette époque, MI ne sait pas l'anglais)

Habituellement MI demande beaucoup de lait dans les
céréales mais ensuite, il ne les mange pas, on lui a
servi un bol de céréales avec très peu de lait:

Mi  - c'est pas mou!
Ad. - il faut pas qu'ça soit mou, c'est pour ça qu'on
      dit Snap, Crackle, Pop; ça craque, c'est cro-
      quant, c'est pas mou, il faut qu'ça soit crackle

quelques minutes plus tard, à la fin du bol, les der-
niers flocons de céréales qui restent sont imbibés de
lait:

Mi  - puisque ça vient mou, c'est moutle (/mutəl/) !

tout le monde rit.
```

Donc, si ça craque, c'est «crackle»; si c'est mou, c'est «moutle». Cette création de mot concerne également le jeu poétique sur le langage. Ce qui est intéressant, c'est la règle de génération (création) de mot qui fonde cette création: la suffixation en /əl/ pour faire un adjectif. Ce qui est remarquable, c'est que Michaël s'est emparé d'un suffixe d'une autre langue (dans «crakle», il a reconnu le mot français «craque» auquel il peut substituer «mou» ensuite).

Même démarche dans l'Obs. 238 où Michaël repère «pris» dans «monoprix»; comme Djamilia avait repéré «basses» dans «baskets» (Obs. 4).

3. «x, ça veut dire y»

Dans les hypothèses, on peut noter particulièrement tous les emplois du type «x, ça veut dire y». En voici quatre, entre (4,8) et (7,9), comme autant de reformulations de termes ou de morceaux d'énoncés qui les rendent plus explicites à l'enfant.

```
Obs.390   MI(4,8)   21/4/81:

DJA propose quelque chose de bizarre:
Ad.  - chiche!
Mi   - chiche (-) chiche, ça veut dire "oui".

la conversation continue sur ce qu'a proposé DJA et
ignore l'intervention de MI.
```

... et il y a en effet du « oui » dans « chiche ». Ce qu'il y a en plus n'est pas encore repéré par Michaël (bien que Michaël ait probablement conscience qu'il y a quelque chose en plus). Il y a question implicite ici mais il n'y a pas eu de réponse. Notons que si Michaël avait dit quelque chose de totalement « faux », il y aurait eu réponse (plus grande probabilité de réponse tout au moins).

```
Obs.39   DJA(5,3)   10/79:

Ad.  - alors, t'es arrivée en retard. t'en as quand
       même fait un peu/ d'gym?
Dja  - j'en ai fait tiède
Ad.  (amusé)
     - tiède?
Dja  (sérieusement)
     - tiède, ça veut dire moitié
```

On remarquera que « tiède » en français oral n'est pas exclusivement réservé à la température (seul contexte connu alors de Djamilia); on peut dire de quelqu'un qu'il est « tiède » pour quelque chose, suggérant qu'il n'est qu'à moitié intéressé ou engagé à ce sujet. Il s'agit donc d'un usage probable, « vraisemblable » de TIEDE, imaginé par Djamilia. TIEDE prend facilement en charge les deux significations suivantes : « pas tout à fait quelque chose » et « pas tout à fait son contraire ».

```
Obs.284   DJA(6,7)   19/2/81:

je sers à manger; après la première cuillerée,s'écrie:

- /wa/ !
```

> ignorant cette intervention, je continue à servir, elle s'écrie alors :
> - *tu crois que /wa/, ça veut dire "pas beaucoup"? ça veut dire "beaucoup"!*
>
> (soit : beaucoup = c'est trop)

/wa/ (ou /wʰa/) n'a aucune signification en soi et peut en accepter plusieurs; il est donc intéressant de voir Djamilia lui en attribuer une. L'énoncé de Djamilia est ambigu si on se prive du contexte. Avec «beaucoup», elle peut commenter sur la quantité déjà servie, ou bien en demander plus; le contexte permet de comprendre qu'ici «beaucoup» signifie «c'est trop».

Enfin, dernier exemple de cette série, l'Obs. 505 où Djamilia rapporte un dialogue-boutade d'un grand de l'école :

> Obs.505 DJA(7,9) 23/4/82 :
> - *il a dit "vous savez pas quoi", on a dit "non" et il a dit "ben moi non plus"... ça veut dire il sait pas aussi.*

On rapprochera de cette observation qui donne à «moi non plus» la très intéressante glose «pas aussi», l'Obs. 234 de Djamilia (6,5) qui donne à «beaucoup» la glose «souvent trucs». Il s'agit avec ces hypothèses de véritables *stratégies* pour analyser ce qui est dit, le décomposer, le transposer, le comprendre.

4. Règles

Les hypothèses émises par les enfants sur certains aspects de la langue peuvent prendre un véritable caractère de «règle», c'est-à-dire que l'hypothèse est suivie d'un «parce que» en manière de justification. On sourira volontiers de ces «règles» formulées par de très jeunes enfants car leur forme est fort éloignée de celle des règles des manuels; elles ont cependant un rôle certain pour l'appropriation du langage.

Dès l'Obs. 4, déjà citée («les baskets, c'est les plus basses»), un PARCE QUE est implicite, et l'on peut déjà parler de «règle».

La règle de l'Obs. suivante n'est pas totalement exprimée mais elle est sous-jacente à l'évidence :

```
Obs.224   DJA(6,2)   15/9/80:

a repris son manuel, regarde la colonne où sont
inscrits les numéros des pages de 10 en 10.
Elle lit seule 10, 20, 30, 40 puis je lui  dis 50,
60 (/swasãt/) ,alors:

- ça devrait être /sisãt/!

pour la suite (70,80,90), elle ne les connaissait pas
et a beaucoup de mal à les redire après moi.
```

Dès 40, le suffixe ANTE se systématise; avec 50, la racine 5 apparaît nettement; pour 60, Djamilia résout le problème «ça devrait être sixante» à partir de six + ante. La régularité de construction a été repérée.

Même lorsque le PARCE QUE est formulé, la règle sous-jacente n'est pas automatiquement plus limpide. En voici pour illustration l'Obs. 374, en apparence peu efficace:

```
Obs.374   MI(4,8)   16/4/81:

Mi  - maman, t'as vu ce coquillage?
Ad. - oui..c'est une coquille d'escargot, je crois...
Mi  - on peut dire un coquillage? non! une coquil-
      lage...
Ad. - non, un coquillage...

MI s'éloigne en regardant son coquillage , dit pour
lui-même, tout doucement:

Mi  - ...ah oui..un coquillage...parce que un es-
      cargot...
```

On peut s'interroger sur la valeur d'une telle règle pour Michaël et douter qu'elle l'aide à résoudre le problème posé (la raison d'être du genre, voir seconde partie).

En effet, avec tout notre passé scolaire, nous savons que «coquillage» n'est pas masculin PARCE QUE «escargot» est masculin. En fait, nous ne savons pas pourquoi l'un et l'autre sont masculins mais ce que nous savons: c'est qu'il n'y a aucune relation de nécessité entre l'un et l'autre.

Cependant, on peut considérer que cette «règle» exprime une partie du problème: c'est la redondance de la marque de genre dans un même énoncé. Ainsi, dans «une pomme verte»; on peut dire qu'il y a UNE parce qu'il y a POMME; qu'il y a VERTE parce qu'il y a POMME... D'où, il y a UN coquillage, parce que, plus loin, il y a UN escargot.

Bien que la portée de cette règle semble limitée, on ne peut considérer a priori qu'elle est inefficace. Peut-être, au contraire, Michaël a-t-il besoin de formuler quelque chose sur cet aspect à ce moment-là. (Il manipule particulièrement les problèmes de genre à cette époque, voir corpus Obs. 366, 339...)

Voici un dernier exemple avec un dialogue métalinguistique entre Djamilia (5,10) et Michaël (3,9). Notons la formule «il faut dire...» également typiquement centrée sur le linguistique :

```
Obs.200   MI(3,9)/DJA(5,10)    12/5/80 :

Dja - 1) moi, j'prends d'la tisane!
Mi  - 2) moi, j'aime pas ça, la tisane. hein Djamilia,
         non, hein?
Dja - 3) faut dire "oui" si t'aimes pas la tisane!
Mi  - 4) ...mais tu sais...rien!
```

En corrigeant Michaël, en 3), Djamilia formule une règle qui semble contradictoire à celui-ci et provoque son étonnement. Il lui semble impossible d'intégrer la correction proposée par Djamilia, d'où l'abandon final «rien!». Michaël considère en effet sa sœur comme omnisciente et, quelque soit l'aberration apparente de ce qu'elle dit, par principe, ce doit être juste. Mais on note qu'il n'est pas convaincu, que son «sentiment de la langue» s'oppose à ce qu'elle propose.

Venons-en à la «règle» de Djamilia. Il faut voir qu'il y a ici un DISCOURS sur un DISCOURS sur le DISCOURS.
1. En premier, la proposition «j'aime pas la tisane»;
2. Michaël pose une question sur cette proposition, que l'on peut gloser ainsi «n'est-ce pas que c'est vrai que (j'aime pas la tisane)?» ou, pour rester plus proche de ce qu'il pourrait dire lui-même, «hein ouais que (j'aime pas la tisane)?» (voir stratégies sur l'interrogation — seconde partie). Il attend confirmation par Djamilia que «oui — il n'aime pas la tisane», soit: une acceptation de la proposition de départ comme élément de discours;
3. La proposition de Djamilia réfère à la proposition 2. En tant que DISCOURS SUR LA PROPOSITION 2, la formulation est juste (il faut dire «oui» si tu es d'accord avec la proposition). Mais la proposition de départ contient un élément négatif et il y a difficulté à séparer le discours extralinguistique (ayant rapport avec le fait d'aimer ou

non la tisane) et le discours métalinguistique (la proposition «j'aime pas la tisane» est vraie).

Ce petit dialogue me semble intéressant à plus d'un titre. Il met en évidence les deux niveaux qui coexistent dans le langage : la préoccupation extralinguistique (le sens de ce qui est dit) et la préoccupation métalinguistique (l'arrangement des mots pour signifier). Il met également en évidence deux attitudes différentes face à une formulation. La question des âges différents, et en conséquence des maturités linguistiques différentes, est posée; mais aussi celle de caractères ou de préoccupations différentes selon les enfants. Michaël en effet a déjà fait montre dans d'autres observations d'une aptitude à se préoccuper de métalinguistique.

Enfin, au sujet de cette observation, on peut remarquer qu'elle pose problème même à un adulte et qu'en général, on a recours à des formulations qui désambiguïsent (comme «il faut dire que oui, tu n'aimes pas la tisane»). «C'est vrai» apparaît ici comme un opérateur remarquable. Servant au départ à affirmer la vérité d'un fait extralinguistique, il peut prendre en charge l'affirmation de la vérité d'une proposition linguistique. Cn peut discuter à l'infini sur l'ambiguïté mais il faut garder en mémoire qu'elle est un problème peu fréquent et qu'adultes comme enfants s'y laissent prendre. Dans le langage «réel», le contexte ou au besoin une petite mise au point sont utilisés à chaque fois pour parer aux inconvénients de cet épiphénomène de la communication.

5. Le sentiment de la langue

Cette notion est assez peu «scientifique». Elle n'est pas quantifiable ni ne peut donner lieu à expérimentation. Cependant, elle peut être utile dans l'observation de l'acquisition du langage. On parle de «sentiment de la langue» ou «sens de la langue» quand on sent intuitivement que tel énoncé «va» ou «ne va pas», est grammatical ou ne l'est pas; mais que l'on ne peut expliquer pourquoi. Ce qui nous permet de juger de la grammaticalité des énoncés, c'est le système grammatical que nous avons élaboré et qui nous permet de comparer ce que nous entendons à ce que nous savons comprendre ou produire. Même implicite, même inconscient, un SYSTEME grammatical est notre référence.

Il en est de même pour l'enfant. Si un enfant produit un énoncé que l'adulte juge «incorrect» (non grammatical — «agrammatical» — par comparaison au système grammatical de l'adulte), il arrive que l'adulte le corrige en lui proposant une formulation qu'il trouve plus juste. Si l'enfant maintient sa formulation contre celle proposée par l'adulte, c'est que, pour lui, elle seule est «correcte», «juste», «grammaticale» (soit: par référence à son propre système grammatical). Il ne saura expliquer pourquoi l'une des formulations est correcte et l'autre non, mais il en est convaincu. Cette référence à un «sens de la langue» permet de sentir que l'enfant a élaboré un système dans sa tête et que celui-ci lui permet de prévoir des formulations et de «juger» de la grammaticalité de ce qu'il entend.

Voyons pour illustrer ce problème 2 observations de Michaël autour de (4,8):

```
Obs.350    MI(4,8)/DJA(6,9)    1/4/81:

Ad.  - y'a pas d'marionettes à l'atelier ?
Dja  - non, y'en a pas, c'est nous qui les "font"(/fɔ̃/)
Ad.  - qui les faisons
Mi   - non! qu'on les 'font!

on note que MI éprouve le besoin de réaffirmer cette
formulation alors que ce n'est pas lui qui l'avait
produite.
```

On remarque que Michaël a éprouvé le besoin de donner son point de vue sur un énoncé qu'il n'a pas produit : les énoncés dits devant lui le concernent. Il ne fait pas l'accord entre le verbe de la proposition relative et le sujet de la principale (repris soit par «on» pour Michaël, soit par «qui» pour Djamilia et l'adulte). Deux sujets : «on» (énoncé de Michaël) et «nous» (énoncé des autres) et une forme de verbe correspondant à un troisième sujet : «ils». Cependant, il est également possible que le «font» de Michaël soit en fait une première personne du pluriel (la conjugaison serait — ce qui est plausible —: «je fais, tu fais, il fait, nous fons, vous fez, ils font»). En tout cas, pour Michaël, c'est /fɔ̃/ seul qui convient, qui est grammatical dans l'énoncé de Djamilia (puisqu'il n'accepte pas la reformulation que j'en propose) et dans le sien propre.

L'observation suivante est un emploi du verbe «y+aller». Ce que je note avec le + entre les deux termes est l'assimilation phonétique qui a lieu et qui fait que bien souvent, ils peuvent apparaître comme ne constituant qu'un seul et même mot. Pour beaucoup d'enfants, et pour de nombreux adultes en français oral, les deux forment un bloc indissociable («c'est le moment d'y aller», «tu dois y aller», «il va falloir y aller», etc.).

Les enfants plus jeunes produisent la forme «y+aller» là où Y et ALLER, même contigus, sont deux entités dans la langue de référence. Les enfants plus grands ont en général repéré également la présence de Y séparé de ALLER dans d'autres énoncés adultes (ex: négation «tu (n') Y es pas ALLE») mais, fréquemment, ils n'en «cassent» pas pour autant le bloc et produisent des énoncés comme celui-ci (cité par H. Adamczewski) entendu dans une conversation entre deux enfants d'environ 10 ans:

    A - vas-y
    B - non, à toi. Moi, j'y suis d'jà y+allé

où Y apparaît deux fois, à sa place attendue dans la langue de référence *et* dans le bloc Y+ALLE non cassé.

De tels exemples mettent soudainement en évidence l'existence d'un système grammatical chez l'enfant. Mais ce système — sa grammaire interne — lui sert CONTINUELLEMENT de référence; il l'utilise en permanence pour juger de la grammaticalité de ce qu'il entend et de ce qu'il produit lui-même.

Cependant, le sentiment de la langue se définit plus négativement que positivement. On n'y a accès que lorsque la formulation que retient l'enfant nous est étrange, agrammaticale pour nous. C'est donc un élément limité d'informations mais il peut révéler certains problèmes passés jusqu'ici inaperçus. (On pourra encore consulter les Obs. 107, 324, 440...)

Chapitre II
L'enfant joue spontanément avec le langage
(Un comportement métalinguistique particulier)

Les manipulations du langage à caractère ludique ou poétique sont constitutives de l'acquisition du langage. A moins d'en être empêché (enfant que l'on empêche de s'exprimer, chantonner, que l'on ridiculise...), un enfant a recours à de telles manipulations lors de l'acquisition du langage. Elles sont un *effet* autant qu'une *nécessité* de l'acquisition du langage.

Dans l'usage que les adultes font du langage, la fonction poétique — la manipulation du langage pour lui-même, pour le plaisir de jouer avec les mots et les mécanismes du langage — reste une des fonctions essentielles du langage. Elle apparaît bien sûr de façon caractéristique chez ceux qui ont profession de jongler avec les mots: poètes, romanciers, chansonniers, chanteurs, conteurs, comédiens, publicistes...

Mais au-delà de ces emplois spécifiques, chacun a un style individuel — dans les mots, expressions ou mécanismes — qui vient d'une «rencontre», un «plaisir» à ces éléments du langage. On a accès de façon limitée, au «style» des individus lorsque l'on remarque des «tics» de langage, des façons de parler caractéristiques de l'un ou de l'autre, des expressions toutes faites employées systématiquement ou en excès... Mais même lorsque notre langage ne se distingue pas en apparence de celui des autres, il présente des caractéristiques particulières.

Dans la compréhension de ce que disent les autres, nous avons besoin d'être à même de comprendre tous les mots ou mécanismes utilisés; mais pour produire nous-mêmes des énoncés, nous opérons un choix et privilégions des mots ou des expressions qui nous attirent inconsciemment ou nous ont attirés lors de leur acquisition. Tous les mots ne nous sont pas nécessaires, de même que nous pouvons produire des significations infinies avec un nombre très limité d'«opérations», de «mécanismes» grammaticaux. Nous nous constituons un ensemble de mots et mécanismes auxquels nous faisons appel de façon privilégiée et qui détermine notre style.

Pendant la phase d'acquisition initiale du langage, l'enfant fait de nombreuses manipulations poétiques et ludiques du langage. Observer la «rencontre», à l'origine, entre un mot ou un mécanisme et l'enfant; observer les divers types de manipulation qu'il fait; c'est un premier accès à ce style individuel en train de se créer.

On trouve très tôt des manipulations ludiques ou poétiques et elles touchent tous les niveaux d'organisation des énoncés. Le niveau des «mots» mêmes avec les jeux de mots ou d'associations de mots. Mais aussi aux niveaux supérieurs aux mots dans les créations d'histoires ou de chansons, dans les jeux explicitement centrés sur le langage... Et également aux niveaux inférieurs aux mots, au niveau du son (phonème) et de la syllabe.

Voyons avec des exemples réels, des manipulations poétiques ou ludiques du langage à ces trois niveaux d'organisation des énoncés, inférieur au niveau du mot, niveau du mot, niveau supérieur; puis nous aborderons le problème des «bons mots d'enfants».

MANIPULATIONS AUX NIVEAUX DU PHONEME ET DE LA SYLLABE

Les niveaux inférieurs au mot sont considérés comme non signifiants, c'est-à-dire qu'un phonème (un son) ou une syllabe (association particulière de sons) peuvent modifier le sens d'un mot ou d'un énoncé, mais seuls, ils sont à de très rares exceptions près non signifiants.

1. Phonèmes

Voici à (1,7) une série de jeux de langage initiés par Clara avec son entourage. La première observation montre une utilisation de OUI et NON qui sont des mots normalement signifiants, mais on voit bien qu'ici, ils sont pris en tant qu'associations de sons et sont vidés de toute signification. Je la cite ici pour éclairer les observations qui suivent et qui sont, elles, centrées directement sur le phonème.

```
Obs.522   CLA(1,7)   31/3/81:

Depuis 3 mois déjà (de 16 mois → ), CLA et celui de
ses parents qui s'occupe d'elle à ce moment-là,
jouent à des jeux de répétitions alternées (pendant
l'habillage, le repas, le bain...) Le jeu peut durer
5 à 10 minutes.
exemple typique:

Ad.  - non
Cla  - oui
Ad.  - oui
Cla  - non
Ad.  - non non non
Cla  - oui oui oui
Ad.  - oui oui
Cla  - non non
.....etc

où CLA reproduit le même nombre de mots que ce que
vient de produire l'Ad., même intonation également;
mais remplace "oui" par "non" et "non" par "oui".
```

Entre l'Obs. citée et les suivantes, on pourra consulter le corpus (Obs. 527-A, 527-B, 527-C qui montrent une sensibilité aux phonèmes).

```
Obs.527-D   CLA(1,8)   27/4/81:

très peu de temps après 527-A, et en liaison avec la
découverte du /k/ et les manipulations sur la pronon-
ciation des mots (encore en cours), CLA initie sou-
dainement un nouveau jeu dans les échanges de répé-
titions (voir Obs.522 avec "oui" et "non"), elle se
met à ajouter un /t/ à la fin des mots.
exmple typique:

Cla  - /mamat/
Ad.  - /mamat/
Cla  - /papat/
Ad.  - /papat/
Cla  - /lɔlɔt/     (/lɔ/="l'eau", un seul mot pour CLA)
Ad.  - /lɔlɔt/...

/lɔ/ est redoublé pour faire deux syllabes comme les
autres termes choisis.
CLA rit beaucoup, c'est elle qui initie le change-
ment de mot. Puis au bout de quelques jours de ce jeu
l'Ad. également initie le changement, en restant dans
l'ensemble de mots que Clara utilise elle-même dans
ce jeu (origine probable:"petit"/"petite").
```

> **Obs.527-E suite de 527-D:**
>
> le jeu expliqué dans l'Obs.527-D se poursuit. A la fois pour l'entretenir (éviter la monotomnie) et parce que la consonance de /kʟaʀat/ ne lui plaît pas, la mère de CLA initie un changement de consonne terminale (/kʟaʀam/, /mamap/, /papab/...).
>
> CLA ne reprend jamais les nouveaux termes proposés avec la nouvelle consonne finale, mais revient systématiquement au /t/ (/kʟaʀat/, /mamat/, /papat/) et est ravie, et rit d'autant plus fort, quand sa mère revient au /t/.

> **Obs.528 CLA(1,8) 1/5/81:**
>
> quelques jours plus tard (voir Obs.527-A à 527-E), lors des jeux de répétitions alternées (voir également Obs.522), le jeu devenu le plus fréquent actuellement est la répétition de deux syllabes (sans signification) identiques (ce jeu est depuis peu complété des termes d'échange de tour: "à toi" et "à moi" avec des difficultés de maîtrise exacte).
>
> Ad. - /mymy, mymy, mymy/, à toi.
> Cla - /mymy, mymy, mymy/, à toi.
> Ad. - à moi, /mymy/, à toi.
> Cla - à toi, /mymy/, à toi.
> Ad. - /mymy, mymy/
> Cla - /mymy, mymy/.....
>
> (les syllabes varient parfois au cours du même jeu /tyty/, /byby/...)
>
> Soudainement, ce jour, CLA prend conscience du changement de consonne au début de ces syllabes et éclate de rire à chaque changement (auparavant, elle répétait les syllabes proposées, simplement); elle se met à l'initier elle-même:
>
> Ad. - à moi, /mymy/, à toi.
> Cla - /tyty/, à toi.
> Ad. - /tyty/.....
>
> sa mère pense que le problème de l'opposition finale /t/ vs ∅ n'intéresse plus CLA.

Cet ensemble de jeux initiés par un enfant très jeune révèle un intérêt pour le niveau du phonème. La «prise de conscience» des problèmes de prononciation (Obs. 527-A et -B) à partir du /k/ initial de son prénom; puis la manipulation répétitive du /t/ (Obs. 527-D et

-E); enfin la «prise de conscience» en cours de jeu (plusieurs jours après le début du jeu) du fait qu'il s'agit d'une manipulation de sons (528) sont autant de manifestations tangibles de cet intérêt.

L'une particulièrement de ces manipulations est intéressante; c'est celle qui prend un véritable caractère d'expérimentation sur le /t/. En effet, à l'initiative de l'enfant, ce phonème est ajouté à des mots par ailleurs signifiants pour l'enfant et son entourage. Puis, malgré la proposition de l'adulte d'élargir le jeu à d'autres phonèmes jugés équivalents au /t/, Clara continue l'expérimentation sur le /t/ exclusivement, montrant que pour elle, il n'est pas équivalent aux autres phonèmes.

Au lieu de considérer ces échanges — très fréquents, répétitifs pendant plus d'un mois — comme de simples jeux sans but, on peut en tirer une première conclusion: Clara, à 18 mois, a repéré un outil de la langue. L'ajout d'un son à des mots déjà connus a une fonction dans la langue; peut conférer un sens nouveau, ou un nouveau rôle, à ces mots. En bref, elle a une expérience de la valeur grammaticale des phonèmes. C'est le retour systématique au /t/ qui le confirme: il y a recherche d'une régularité; il y a véritable expérimentation.

La question que l'on peut se poser maintenant est: pourquoi /t/? D'où Clara a-t-elle inféré une valeur particulière, une fonction linguistique, à ce phonème?

Le développement linguistique de Clara est alors suffisamment limité pour qu'il ait été possible de trouver une origine très probable à cet intérêt pour le /t/. Chacun des parents de Clara — non linguistes — a pensé à l'opposition «petit» vs «petite» qui, phonétiquement (rappelons que les jeunes enfants n'ont accès qu'aux sons de la langue), se disent /pətit/ et /pətit/. Clara a déjà l'expérience de ces mots; en effet, elle comprend et utilise des énoncés contenant par exemple: «petite fille», «petit garçon», «oh! la jolie petite boîte!», «on va faire une petite promenade»...

Cet outil linguistique est déterminant dans la maîtrise du verbe et sera donc prochainement utile pour Clara. Actuellement, elle n'utilise qu'une forme pour chaque «verbe» de son lexique: /pati/ (pour «parti»). Celui-ci sera bientôt diversifié en /paR/, /paRti/, /paRte/, /paRtɛ/, /paRtõ/... puis, avec combinaison de phonèmes: /paRtjõ/, /paRtje/, /paRtiRɛ/... Par cette manipulation, outre le simple plaisir du jeu, Clara se prépare à reconnaître la même racine — le même «verbe» — sous ses réalisations diverses et à s'approprier les différents rôles que ces formes remplissent.

Voici deux autres observations montrant des jeux de langage au niveau du phonème. La première montre un enchaînement de mots dont les trois derniers phonèmes sont identiques (rime), Michaël faisant seulement varier la consonne initiale. Il s'agit du rapprochement entre «square», «soir» et «noir» (/skwaR/, /swaR/, /nwaR/). Rappelons en effet que Michaël ne connaît que l'oral où un seul phonème distingue «square» de «soir», et «soir» de «noir».

```
Obs.403    MI(4,9)    5/81:

au cours d'une promenade au square, à la nuit tombée
(pour lui-même, chantonné):

- oh le square, c'est le soir...(rit doucement) c'est
le noir...

square = /skwaR/ ; soir = /swaR/; noir = /nwaR/
```

Après les /t/ grammaticaux de Clara, ces enchaînements semblent plutôt de l'ordre de la fonction poétique pure; ils constituent cependant une expérience de la structuration interne des mots.

La dernière observation que nous verrons dans ce chapitre se situe bien sûr au niveau du phonème, mais également au niveau des caractères constitutifs du phonème. On sait en effet que les phonèmes sont des combinaisons de caractères distinctifs et peuvent donc présenter des caractères communs; par exemple la série /p/, /t/, /k/ est constituée de consonnes *sourdes*, par opposition à la série parallèle prononcée de la même façon, mais présentant le caractère *sonore* (opposé à sourd): /b/, /d/, /g/.

C'est cette oppositon SOURDES / SONORES, qui a amusé et intrigué Michaël:

```
Obs.179    MI(3,7)    23/3/80:

demande du fromage "Belle des champs" (/bɛl-de-ʃã/)

Mi.  - /pɛl-de-ʃã/
Ad.  - /pɛl-te-ʃã/?
Mi.  - /bɛl-de-ʒã/!

tous deux éclatent de rire puis passent à autre chose.
```

Michaël a d'abord prononcé fortuitement la consonne sourde /p/ à la place de /b/. Ainsi, les trois consonnes deviennent : sourde-sonore-sourde (l'arrangement initial étant sonore-sonore-sourde). Par jeu, l'adulte étend le caractère sourd à l'ensemble des trois consonnes : /p...t..ʃ/, soit : sourde-sourde-sourde. Michaël a senti cette assimilation et par jeu en réponse transpose dans l'ensemble des sonores : /b...d...ʒ/ soit : sonore-sonore-sonore.

On se reportera également aux Obs. 143, 184... pour d'autres jeux manifestant un attrait pour le phonème (structure interne des phonèmes) et 169, 329, 352, 381, 162, 370, 369... pour la structure interne des mots.

2. Syllabes

Les jeux de langage à ce niveau d'organisation des énoncés sont extrêmement fréquents. Une syllabe a par rapport au phonème une certaine réalité plus tangible; on la prononce seule — détachée du reste — alors que le phonème est plus difficilement accessible.

Je citerai seulement ici des manipulations permettant le passage d'un mot à un autre par substitution, addition ou soustraction de syllabes.

Tout d'abord, une observation d'enfants très jeunes, entre 18 mois et (2,6). Il s'agit d'une création collective dans une situation intéressante. La jardinière qui s'occupe habituellement du groupe (crèche) leur proposait de retrouver mon nom (que la plupart connaissait très bien). Lorsqu'elle a commencé à le prononcer, en détachant les syllabes selon un procédé qu'elle utilise beaucoup pour les inciter à rechercher les mots; les enfants ont poursuivi en donnant le prénom de l'un d'entre eux (dont une syllabe est commune avec mon prénom). Ils ont reconnu à l'intérieur de mon prénom une partie du prénom de leur ami :

```
Ad. - et la dame qui est là...elle s'appelle comment?
      tu te souviens? elle s'appelle...
              Ad. - Do......mi......?
(alternés)
              Enf - .../do/..../mi/ (-)/ʃɛ/!

(tout le monde éclate de rire; réf. le prénom de l'un
d'eux (Michel/miʃɛl/,prononcé/miʃɛ/par les enfants).
Ad. reprend en riant :

Ad. - Dominique!
                                (crèche)        Obs.533
```

Voici encore le passage d'un mot à l'autre par le biais d'une syllabe dans les deux très bons jeux de mots suivants :

> Obs.185 MI(3,7) 26/3/80:
>
> je chante la chanson bien connue;
> réf. Savez-vous planter les choux/ à la mode (bis)
>   Savez-vous planter les choux/ à la mode de chez
>   nous/ on les plante avec le bras (le coude, le
>   menton, les épaules...)
> *Ad.* – *(...)on les plante avec les bras(-)*
> *Mi* – /vɔ/!
> *Ad.* (ignorant l'intervention de MI)
>   – *à la mode...*
> *Mi* – *j'ai dit avec les bravo!*
>
> tout le monde rit et MI est très fier.

> Obs.10 DJA(4,6) 1/79:
>
> à partir de "adidas", nom de marque de chaussures de
> sport (terme par lequel nous désignons ces chaussures)
> et "godasse", terme d'argot qu'elle entend également
> et qui désigne n'importe quel type de chaussures (avec
> une légère nuance dépréciative non encore repérée par
> Dja):
>
> – *où elles sont, mes adigodasses?*
>
> et rit beaucoup.
>
> Il s'agit seulement d'une combinaison de termes valant
> pour "chaussures", non d'une création de type "vieil-
> les adidas, adidas usées..."
> "adigodasse" a totalement remplacé "adidas" dans le
> lexique familial pendant plus de 2 ans. Le retour à
> "adidas" s'est fait pour être compris des personnes
> extérieures à la famille (copains, école...)

Djamilia a inséré « go » dans « adidas » en reconnaissant en « das » la fin de « godasse ».

Même si l'enfant ne produit pas ces jeux de mots en ayant pleinement conscience des manipulations qu'il effectue, il faut reconnaître avec ces exemples que son expérience du langage est parfois fort complexe.

De la même façon, on verra les Obs. 475 où Djamilia passe de « faux » à « photo »; 389 où Michaël s'amuse du rapprochement « artichaud »/« choux-fleur » et crée le très joli « artichoufleur » qui, depuis cette date, nous sert à désigner les «artichauds»; 377 où Michaël passe de (médi) «camen» à «camem-bert»; et enfin l'Obs. 219 où Michaël fait le rapprochement entre le prénom «Jean-Luc» et un mot prononcé un peu après «Luxembourg» (/lyk-sābuR/).

Avant de passer au niveau du mot, voyons encore une série d'observations montrant des manipulations sur les syllabes. Cette fois-ci, il s'agit plus de poétique, au sens vu pour le phonème avec les rimes; c'est-à-dire des rapprochements de mots parce qu'ils contiennent le même nombre de syllabes, ou se terminent par la même syllabe...: il s'agit de l'Obs. 58 où Michaël substitue «p'tit chnou» à tous les groupes de deux syllabes finales des vers de sa chanson; et 144 où Djamila substitue «bib'ron» à «de Caen» dans «Comédie-de-Caen».

Je termine en citant complètement un jeu de mot involontaire produit comme précédemment par substitution d'un ensemble de syllabes à un autre de même longueur (présentant de plus des similitudes: «blanche» et «brosse» commençant toutes deux par b+consonne). «Blanche à dents», créé à la place de «brosse à dents blanche», est un de ces mots-valises qui nous créons de temps en temps en «agglutinant» des termes qui auraient dû être prononcés séparemment.

```
Obs.218   MI(4,1)   12/9/80:

Ad. désigne la brosse à dents de MI (bleue):

Ad.  - ça, c'est pour Michaël, maintenant
Mi   - non! je veux pas ça, je veux la blanche. la
         blanche à dents...(éclate de rire)
Ad.  - la blanche à dents, elle est bonne, celle-là!
Mi   (répète plusieurs fois en riant)
     - la blanche à dents...
```

On a vu dans cette première partie que l'attention de l'enfant peut se concentrer de fort bonne heure sur un niveau d'organisation du langage réputé abstrait, peu immédiat, comme celui du phonème, voire même de constituants du phonème, de traits consitutifs d'une classe de phonèmes. Je rappelle bien sûr que cette attention pour un niveau ne peut être sans réserve qualifiée de «conscience» de l'organisation de ce niveau; mais les manipulations montrées ici font néanmoins apparaître que ce niveau est du domaine de l'expérience de l'enfant, à défaut d'être objet de réflexion consciente et explicite.

MANIPULATIONS AU NIVEAU DU MOT

C'est le lieu par excellence des «jeux de mots». Ceux-ci ont plusieurs origines, suivent des mécanismes divers, pour aboutir à des rapprochements incongrus et qui provoquent l'amusement.

Voici d'abord une observation qui ressort à la fois du domaine de la syllabe et du mot:

```
Obs.149   DJA(5,8)   15/3/80:

DJA est montée sur la table, prête à sauter sur une pi-
le de coussins; elle s'amuse beaucoup et a envie de ri-
re et de dire n'importe quoi:

- je vais faire un saut! (-) c'est quoi ça, un /sɔ/ ?
un /sɔ/ et une pelle, quoi! je fais un /sɔ/...oh non!
un /sɔ/?(-) un sommeil alors!

puis saute en éclatant de rire.
```

Cette manipulation confirme le caractèe particulier de la syllabe par opposition au phonème: elle peut être signifiante en soi, avoir valeur de mot et être donc substituable à d'autres mots d'égale ou plus grande longueur.

1. Substitution d'un mot par un autre — caractère motivé

La substitution d'un mot par un autre a en effet parfois un caractère motivé, c'est-à-dire qu'il y a une «raison» à la subsitution. Dans les observations citées ici, on notera comme «motif» justifiant le rapprochement des deux mots: la forme proche des deux mots, le fait que l'objet auquel l'un des mots réfère justifie une deuxième dénomination, enfin les objets référants font partie d'une même classe, ou ont des caractéristiques communes.

A. Les deux mots ont la même forme

Dans l'Obs. 288, Djamilia a reconnu l'identité formelle entre QUOI et COUAH (du refrain d'une chanson sur les oies: «couah, couah, c'est moi l'oie) et s'est interrompue pour souligner ce fait:

```
Obs.288   DJA(6,7)   20/2/81:

réf. une chanson "chantée" par une oie, dont le re-
frain est "couah, couah, couah, c'est moi l'oie"
```

> – *pendant que j'pèle ma clémentine (-) ma mandarine ou quoi? couah, couah, couah, c'est moi l'oie (échange de sourires)... euh, tu peux m'apporter un verre de grenadine ou de jus d'orange ou de c'qu'i y'a.*

B. L'apparence de l'objet justifie deux dénominations

Dans l'Obs. 525, Clara souligne le fait que son jus de fruit (jus de prune) pourrait tout à fait s'appeler «vin», vu son aspect, et elle en profite pour faire une petite réflexion malicieuse implicite (un enfant n'a ordinairement pas droit au vin):

```
Obs.525   CLA(1,7)   20/4/81:

CLA se fait servir du "jus de prune" (/zypRyn/), une
boisson qu'elle a fréque|mment. Puis elle regarde sa
timbale et dit pour elle-même, en riant:

Cla - vin!
```

On pourra voir également l'Obs. 48 où un groupe d'enfants fait un rapprochement entre les couleurs des feux de circulation et les couleurs des sirops (menthe, grenadine, orange...); l'Obs. 9 où Djamilia, ayant mis le pyjama de son cousin Loïs, considère que l'on peut maintenant l'appeler Loïs; et l'Obs. 61.

C. Mots rapprochés parce que les objets référés font partie d'une même classe

C'est par exemple Djamilia, vers 4 ans, à table et d'humeur à rire, qui hésite devant l'assiette de fromages:

Dja - je veux du gruyère, euh du camembert, euh du bonbel, euh du saucisson, euh du vin, euh du pain (rires).

2. Substitution d'un mot par un autre — caractère non motivé

Il s'agit d'une substitution que ne motive ni la forme des mots rapprochés, ni le caractère des objets qu'ils nomment. Ces substitutions soulignent le caractère conventionnel des dénominations: on appelle tel objet «bouteille» parce qu'il est convenu entre les personnes parlant la même langue que cette association de sons désignera sans ambiguïté tel objet, et non parce que quelque chose dans cet objet justifie, «appelle», cette dénomination.

Je ne citerai ici in extenso qu'une observation qui montre que ce caractère peut apparaître dans le jeu de l'enfant très tôt, dès l'époque de la nomination jubilatoire (voir p. 13) :

```
Obs.524   CLA(1,7)   20/4/81:

ses parents appellent souvent CLA de divers noms:
coccinelle, lapin... CLA sait que c'est par jeu et
en rit. Ce soir-là, elle se fait appeler "bouteille"
Même origine que "petit bouton"; elle a prononcé
quelque chose d'incompréhensible et l'Ad. a demandé

Ad. - bouteille ?

Cela lui a plu, elle a ri, et s'est fait appeler
"bouteille" toute la soirée.
Exemple typique d'un jeu répété quotidiennement (en
variant les "noms"):

Ad. - comment tu t'appelles ce soir ?
Cla - /butej/      (bouteille)

tous deux rient.
```

On verra également l'Obs. 539 dans laquelle les enfants de la crèche (moins de 2,6) s'amusent à dire n'importe quoi. Cette observation ne démontre pas qu'ils peuvent remplacer une convention par une autre, mais elle souligne le fait qu'ils ne ressentent pas la nécessité absolue de dire le mot juste. C'est une forme d'expérience du caractère conventionnel.

Cet aspect du langage (le caractère conventionnel des dénominations) est la base de tous les jeux en «on dirait que tu serais x...» (voir les Obs. 181, 195...)

3. Manipulations sur le double sens d'un terme

Pour qu'il y ait éventuellement jeu de mot basé sur l'ambiguïté d'un terme, sur le fait qu'il recouvre deux référés, il faut que ceux-ci soient tous deux du domaine de l'expérience de l'enfant. Ainsi sur la base de l'ambiguïté de «le boulanger fait des bâtards», on a pû dire que le jeune enfant n'avait aucun humour ou ne percevait pas l'ambiguïté. Or, si un certain type de bâtards est connu des enfants de moins de 5 ans, ce à quoi renvoie l'autre dénomination n'en est que rarement connu. Il y a une sorte de falsification à juger de l'humour des enfants en se fondant sur des termes dont l'un des signifiés est hors de leur expérience.

De nombreuses observations font apparaître que des enfants très jeunes peuvent déjà posséder un solide sens de l'humour qui laisse prévoir, si l'occasion s'en présente, une aptitude aux jeux de mots basés sur l'ambiguïté d'un terme (voir les Obs. 550, 525, 526).

Ces observations, et l'Obs. 524 citée précédemment («bouteille»), me font penser que rien n'empêche «intrinsèquement» le jeune enfant de produire des manipulations fondées sur l'ambiguïté. Simplement, il est à noter que peu de termes du vocabulaire minimal, «essentiel» pourrait-on dire, — donc celui qui est le plus probablement connu de l'enfant —, présentent des ambiguïtés. Lorsque l'occasion se présente, ce type de manifestation d'humour, et de finesse d'analyse, apparaît.

Voici deux observations — d'enfants assez grands, ceci est à noter. Toutes deux signalent que l'enfant perçoit le double-sens de termes: «vieille» (VIEILLE par opposition à JEUNE; et le vocatif familier MON VIEUX, MA VIEILLE) et «drôle» (signifiant quelque chose de l'ordre de AMUSANT et de ETRANGE dans d'autres circonstances). Un élément cependant différencie ces 2 observations; dans la première, Djamilia perçoit totalement le jeu de mot produit (production consciente sinon volontaire) — ce que souligne son rire —; alors que dans la deuxième, elle prend conscience au moment même de son énoncé de l'ambiguïté du terme qu'elle vient d'utiliser. Le mot qu'elle a chargé d'une certaine signification peut être interprété différemment par ceux qui l'écoutent et elle éprouve le besoin de préciser:

```
Obs.196    DJA(5,10)    5/80:

j'ai du mal à faire sortir DJA du bain où elle joue
depuis une heure au moins (référence: le vocatif: "mon
vieux! ma vieille!...")

Ad. - allez, sors du bain, ma vieille!
Dja - j'suis pas une vieille, j'suis une neuve!

(éclats de rire)
cet épisode a été raconté et reraconté dans la famil-
le; en 7/82, DJA en est encore toute fière.
```

```
Obs.402    DJA(6,9)    29/4/81:

j'envoie DJA se laver les mains et les dents avant de
se coucher; elle "marchande":
```

> Dja - j'en fais un: les mains, pas les dents.
> Ad. - c'est pas le moment de compter. Les caries,
>   c'est la nuit que ça se fait.
> Dja (y va en grognant)
>   - oh la la! quelle drôle de maman! (-) je dis
>   même pas amusante, je dis drôle.

4. Création de mots

A. *Par utilisation d'une règle de création de mots*

Dans le lexique d'une langue, on peut passer d'un mot à un autre par divers procédés: les dérivations essentiellement. Or la dérivation obéit à un certain nombre de règles, que l'enfant va s'approprier au cours de l'acquisition de sa langue, de la même façon qu'il s'approprie les règles de création de phrases.

La dérivation permet de passer, par exemple, de la racine de «découper» à «découpage». Dans l'Obs. 239, Michaël a repéré cette règle et l'étend à d'autres racines de verbes (à partir de «sauter», il crée «des sautages», alors qu'en français oral, «saut» suffit; de «guili» pour «chatouiller», il crée «des guilidages», comme «chatouillages»):

> Obs.239 MI(4,4) 14/12/80:
>
> - quand y'aura Francis, on fera...des découpages...
>   des sautages...des guillidages... (/gilidaʒ/)

Pour Michaël alors, il ne s'agissait pas de jeu gratuit, mais d'une création sérieuse. Cependant, le caractère formel de cette manipulation laisse entrevoir tout le parti qu'un enfant ou son entourage peut tirer d'un tel énoncé.

Il s'agit d'un effort sérieux de production d'un énoncé correct, c'est pourquoi je le considère comme témoin d'une stratégie de l'enfant pour produire des significations. Il sera à ce titre à nouveau mentionné dans la seconde partie.

Voici une manipulation ludique basée sur un procédé de dérivation:

> Obs.230 MI(4,3) 21/11/80:
>
> sur la boîte de céréales pour petit déjeuner, les
> personnages sont appelés Snap, Crackle (/kʀakəl/) et
> Pop, par référence au bruit qu'elles font quand on
> les mange (à cette époque, MI ne sait pas l'anglais)

JEU SPONTANE SUR LE LANGAGE 57

> Habituellement MI demande beaucoup de lait dans les
> céréales mais ensuite, il ne les mange pas; on lui a
> servi un bol de céréales avec très peu de lait:
>
> Mi - *c'est pas mou!*
> Ad. - *il faut pas qu'ça soit mou, c'est pour ça qu'on
> dit Snap, Crackle, Pop; ça craque, c'est cro-
> quant, c'est pas mou, il faut qu'ça soit crackle*
>
> quelques minutes plus tard, à la fin du bol, les der-
> niers flocons de céréales qui restent sont imbibés de
> lait:
>
> Mi - *puisque ça vient mou, c'est moutle (/mutəl/)* !
>
> tout le monde rit.

On verra également «avionnette» (Obs. 367), «abritage» (Obs. 12) ou «mensongeur» (Obs. 266).

B. Création ex-nihilo

Deux exemples de mots créés par jeu et qui ont duré, l'un une journée, l'autre plusieurs mois. Dans chaque famille, on peut trouver ainsi des mots inventés (avec ou sans motivation) pour désigner tel objet (on a vu également «artichoufleur» pour «artichaud»; on en verra d'autres dans «bons mots d'enfants»). Je cite encore le cas de cette famille totalement bilingue anglais-français (diplomates), où l'on ne dit jamais «sapin» en français, mais toujours «arbre à fourrure», traduction littérale retenue pour son caractère incongru, de l'anglais «fur-tree».

> Obs.186   MI(3,7)/DJA(5,8)   28/3/80:
>
> devant un vase de jonquilles:
> Dja - *comment elles s'appellent, ces fleurs jaunes ?*
> Mi (très fier et souriant)
>   - *des "crézémouillis"!*   (/kRezemuji/)
>
> toute la journée, il a maintenu cette appellation,
> quand on lui demandait le nom des fleurs, soit sé-
> rieusement, soit pour rire ("jonquilles" a été four-
> ni plusieurs fois);
> lorsque son père est rentré, MI lui a demandé le nom
> des fleurs (personne n'avait évoqué ce problème de-
> puis l'arrivée de son père)
>
> Ad. - *des jonquilles*
> Mi (se tourne alors vers DJA et moi)
>   - *l'a dit des jonquilles; c'est des jonquilles!*

> Obs.124 MI(3,7) 12/3/80:
>
> MI a créé un mot-jeu qui revient régulièrement, "marimarsito", comme une interjection plus comme un mot du lexique.
> Il est devant une assiette de gâteaux, prend le ton d'une comptine pour choisir celui qu'il veut (depuis que l'assiette est posée, il sait très bien - et les autres aussi - qu'il prendra celui au chocolat), à chaque syllabe, pose le doigt sur un gâteau, puis va au suivant. Il "force" un peu la comptine pour que la dernière syllabe arrive sur le bon gâteau :
>
> - ma-ri-mar-si-to, c'est-du-cho-o-co-o-lat!

La création de mots imaginaires souligne dans l'expérience le caractère conventionnel des dénominations.

NIVEAUX SUPERIEURS AU MOT

Il s'agit ici des utilisations ludiques ou poétiques de niveaux d'organisation du langage comme l'énoncé, le groupe d'énoncés ou même le récit complet.

Vu les dimensions des observations traitant de ces niveaux, je ne citerai qu'une chanson-histoire inventée par un enfant. On comprendra qu'en créant des histoires ou des chansons, l'enfant manipule des mécanismes du langage qu'il détourne à des fins ludiques, et qu'il s'approprie en même temps.

Sur les structures de la langue abordées ici de façon succincte, on pourra se reporter aux différents chapitres de la seconde partie.

Histoire chantée inventée au fur et à mesure par Félicie (5 ans) devant petits amis et magnétophone :

> *Fel - La petite fille qui court...*
> *(-)*
> *C'est devant la maison*
> *et puis après elle alla se promener*
> *sans son papa et sa maman*
> *parce qu'elle était très grande*
> *et après... elle... euh... monta à un escalier*
> *très haut, très haut, très haut,*
> *et après elle se rendit compte qu'il y avait*
> *plein plein plein plein de diables*
> *un diable l'a vue*

il l'a mangée aussitôt
il était tellement content
c'est le pays où y'a pas d'enfants
... mais où...
et puis après la petite fille
se sentait pas du tout bien
dans le ventre du diable
il était tombé dans une mare
et après la petite f...
et puis après il s'était noyé
d'abord il avait dit au secours
mais après il s'était noyé
complètement
après quelques bûcherons sont venus
de la forêt...
et puis après les bûcherons ont ouvert
le ventre du diable
et puis après eh bien ils l'ont rempli
le... ventre du diable
plein de pierres
après le diable s'est réveillé
il s'est senti tellement lourd
qu'il a... mouri
et après la petite fille rentra chez elle
elle avait perdu son chemin...

(interruption de Dan, 5 ans, :
- elle était... elle avait tourné... et puis... c'était tout droit)

et après elle ne retrouva
plus jamais sa maison
comme elle tourna jamais toutes les nuits
elle moura...
elle en meura
elle était devenue toute morte.
ça y est!

Plusieurs remarques s'imposent devant ce texte. Je n'analyserai pas longuement cette création enfantine. Il faudrait tout d'abord départager les histoires qui ont pu influencer ce récit et y être projetées sous forme d'épisodes, en partie pré-structurés dans les histoires d'origine. On remarque également le procédé d'invention au fur et à mesure — sans que la suite du récit ait été prévue — et qui amène à des besoins de justification d'épisodes racontés; d'autres enchaînements ensuite se font automatiquement bien qu'ils ne soient qu'approximatifs (par exemple: «la petite fille ne se sentait pas du tout bien» est suivi de tout un épisode où c'est le loup qui ne va pas bien en fait...)

Au niveau des verbes, qui organisent l'énoncé; on peut noter la manipulation d'appropriation du passé simple (temps de l'histoire) avec «disa». La règle de construction, perçue avec «mangea» par exemple, a été étendue à DIRE, où en français oral, rien ne distingue présent singulier et passé simple singulier (/di/, forme unique).

Tout le reste est à l'imparfait (autre temps de l'histoire [1]) et au passé composé (qui peut être assimilé au présent — présent de AVOIR ou ETRE — et en garde les caractéristiques d'actualité comme d'a-temporalité, voir chapitre correspondant de la seconde partie).

Le passé simple est ici en cours d'appropriation, par opposition à l'imparfait solidement établi; et il est naturel de le trouver seulement dans la première phrase, plus affectée, plus contrôlée par Félicie qui commence son récit devant un public; ensuite elle se laisse porter par son histoire et l'imparfait et le présent (passé composé) s'imposent à elle.

On remarquera également le problème de MOURIR, verbe particulièrement délicat pour les jeunes enfants. «elle moura» ne satisfait pas Félicie, qui essaie alors «elle en meura» (sans doute inféré du présent «meurs, meurt»...), toujours insatisfaisant. Elle adopte finalement, avec plus ou moins de réserve, il n'est pas possible de le dire, «elle était devenue morte». On peut comparer, pour saisir la difficulté de ce verbe, avec l'Obs. 437, où Djamila refuse pour désigner un moment du passé «elle est morte», et a recours à «elle a été morte» (particulièrement révélateur des rôles d'AVOIR et ETRE):

Obs.437   DJA(6,11)   13/6/81:

Dja - non, elle a pas été tuée, elle a vieilli et
      puis elle a mourru.
Ad. - elle est morte!
Dja - elle a été morte!

Egalement intéressant, le besoin d'expliciter «ils l'ont rempli... le ventre du diable» et, encore par besoin de plus expliciter que ce que les adultes ne feraient, «ils l'ont rempli... plein de pierres» (rendre plein de pierres = remplir de pierres).

A un autre niveau maintenant — éléments coordonnant les énoncés entre eux pour construire un récit —, on note trois liens inter-énoncés seulement: COMME dans «comme elle tourna toutes les nuits... elle moura»; PARCE QUE dans «elle alla se promener sans son papa et sa maman parce qu'elle était très grande», ET PUIS... ET PUIS... ET PUIS... avec les variantes ET PUIS APRES, et même ET PUIS APRES EH BIEN.

Tous ces éléments sont des variantes de ET PUIS, lien quasi-universel à cet âge-là (voir les chapitres de la seconde partie).

Je ne poursuis pas l'analyse de ce récit, car il justifierait un livre à lui tout seul. Mais l'on voit bien que les inventions de chansons et histoires, si fréquentes chez les enfants à peine sollicités, sont riches d'informations sur l'appropriation de ce niveau d'organisation du discours.

Avant de quitter ce chapitre, je voudrais encore signaler les jeux typiquement centrés sur le langage. Tout d'abord, les langues artificielles : le javanais ou le verlan (inversion des syllabes L'ENVERS donne VER-L'EN; la langue procède de même et crée par exemple : néci à partir de ciné). Notons tout de même qu'en général, ces langues en restent à des manipulations des mots ou constituants des mots et n'affectent pas les niveaux supérieurs d'organisation du discours.

Je cite rapidement 2 observations montrant un certain type d'expérience du langage à travers, pour la première, un jeu connu; pour la seconde, un jeu inventé :

```
Obs.348   MI(4,8)/DJA(6,9)   4/81:

Depuis 6 mois au moins, DJA pose ce genre de devinette
"tu peux porter une gare? (non), deux gares? (non)
trois gares? (non) quatre gares?...six gares? (non);
Oh! il peut pas porter un cigare!"

DJA refait ce jeu un matin; après elle, MI essaie avec
"gare" puis "garette" (copie de DJA), puis :

- est-c'que tu sais porter un mag.? (/mag/)
 (nous sommes étonnés, nous fait répondre "oui")
 2 mag? (oui) 3 mag? (oui) 4 mag? (oui)
 5 mag? (oui), oh! magasin (/magazẽ/) (et rit)

aussitôt après, propose "magaz." (/magaz/), après
5, dit en riant:

- oh! magaz-cinq! (/magazsẽk/)   (/magazẽ/+ 5 /sẽk/)
```

(voir également la suite de cette observation dans le corpus et l'Obs. 388).

```
Obs.406   MI(4,9)/DJA(6,10)   5/81:

un jeu de langage explicite qu'ils affectionnent par-
ticulièrement en ce moment (jouent avec d'autres en-
fants également);
DJA croque un morceau de pomme, puis le repose bien
délicatement sur le reste de la pomme, de façon à ce
que les bords de la morsure ne se voient pas; puis
demande à MI:

- mordu ou pas mordu?

c'est presque toujours "mordu", mais l'intérêt du jeu
étant d'être surpris, de s'être laissé prendre à croi-
re ce que l'on voit; la réponse, feinte, est "pas
mordu" le plus souvent; alors DJA enlève le morceau
pour montrer que, contre toutes apparences, il a été
mordu et tous deux éclatent de rire.

Même jeu, initié par MI, par exemple avec une orange
décomplétée en quartiers. MI repose les quartiers
bien serrés les uns à côté des autres et demande:

- coupé ou pas coupé?
```

C'est un jeu intéressant où le langage intervient de façon très originale. C'est seulement parce que le langage permet de qualifier ce que l'on voit, qu'un tel jeu (mensonge) est possible. L'objet a toute l'apparence d'être intact et il ne l'est pas.

On pourra également consulter les Obs. 417, 564, 565 et 61.

LES BONS MOTS D'ENFANTS SONT DES « BONS MOTS D'ADULTES »

En effet, ce que l'on qualifie le plus souvent de « bon mot d'enfant » n'amuse que les adultes! Par cette boutade, je veux souligner le fait qu'en général l'enfant ne contrôle pas le jeu de mot, ne l'a pas créé pour être drôle ou émouvant. Ainsi ce sont des « bons mots » AUX YEUX DES ADULTES.

Nous allons voir avec quelques exemples deux catégories de bons mots d'enfants : la confusion entre deux termes et l'erreur grammaticale.

1. La confusion entre deux termes

Il s'agit soit de l'assimilation d'un terme peu connu à un terme plus connu, soit d'un mauvais découpage. Dans la première catégorie, c'est Gladys, environ 3 ans, demandant «Qu'est-ce qu'il a fait à Pépi, le sirop d'chien?» (pour «chirurgien»). Le terme «chirurgien» est difficile pour elle. Elle lui substitue des sonorités proches et de même longueur (une «enveloppe» formelle similaire) auxquelles elle est plus habituée. Je précise que même à ce jeune âge, «sirop d'chien» n'est pas créé intentionnellement pour signifier ce que explicitement cette association de termes signifie: sirop-de-chien. Il s'agit seulement du rapprochement de sonorités proches. De la même façon, dans l'Obs. 107 on voit Michaël répéter et maintenir «à quoi je tu» au lieu de «à quoi joues-tu» qu'il ne comprend pas.

L'Obs. 209 fait partie de la deuxième catégorie:

```
Obs.209   MI(3,11)   7/80:
- oh, une étoile d'araignée!
création involontaire à partir d'un mauvais découpage
l'étoile, les/toile.
```

Il s'agit là d'un mauvais découpage, d'une hypothèse erronée sur le découpage entre pronoms et mots dans l'expression déjà entendue: les-toiles d'araignée (que Michaël a pris pour l'é/toile d'araignée). C'est le même problème pour l'Obs. 12 où Djamilia pense que le découpage est «la-boratoire», et le fameux échange suivant:

adulte - tu exagères
enfant - non, j'«es» pas gzagère.

L'absence de rire — je l'ai déjà signalé p. 9 et 10 — souligne encore le fait que Michaël ne maîtrise pas son «bon mot».

2. «Erreur grammaticale»

Quelques «erreurs grammaticales» des enfants amusent ou agacent les adultes. Par exemple, la réponse à la question «où tu vas maintenant?»: «moi, je *vas* à l'école» (Obs. 568) ou encore «tu *suis* une maman» (Obs. 567).

Dans ces deux exemples très fréquents, l'enfant a perçu l'existence et en partie le rôle des différents pronoms, mais il ne maîtrise pas encore complètement tout le bouleversement qu'un énoncé doit subir lorsqu'on change le pronom (au niveau de l'accord avec le verbe particulièrement ici).

Donc, certains « bons mots » sont en fait des demi-fautes : une utilisation abusive — non encore restreinte à un domaine d'application limité — d'une règle juste. Prenons les 2 exemples suivants à des âges très différents :

```
Obs.232   MI(4,4)    12/80 :

- cette clémentine, elle est trop froide. tu peux
  la rechaudir ? (/RəʃodiR/)
```

```
Obs.298   LOIS(±8)   1/3/81 :

au cours d'une promenade, trouve un épluche-légumes :

- t'as vu? t'as vu c'que j'ai trouvé! (-) chouette,
  hein? en plus, il est encore serviable!
```

Pour les 2 exemples, il s'agit d'une dérivation en partie correcte, en partie non; et c'est cela qui amuse. Prenons « rechaudir ». A partir de « froid », « refroidir » existe; mais « rechaudir » que n'importe quel francophone comprend parfaitement, n'est pas (encore?) attesté en français. Une dérivation existe, non à partir de « chaud », mais de « chauffer » (réchauffer).

De la même façon, pour « serviable »; une règle — une stratégie de production de sens — a été perçue mais l'enfant n'a pas encore repéré une restriction à ce processus (ici approximativement, on peut dire que seul un être animé peut être « serviable »). Le domaine d'application de la règle est trop large, mais la règle ne peut être considérée comme fausse : c'est ce mélange qui amuse et donne aux adultes l'impression que l'enfant essaie des formules qui sont trop difficiles pour lui.

On trouve des bons mots à partir d'autres processus grammaticaux. On se reportera aux observations 193 (« cette musique m'admire ») et 441 (où, à nouveau, le problème de limitation du domaine d'application d'une règle se pose). Voir encore l'Obs. 287 avec l'adorable « fallait qu'à entendre ! » de Michaël. Dans les trois exemples cités, la règle est trop générale; son orientation n'est pas perçue :

- on peut admirer une musique; une musique ne peut admirer quelqu'un;
- une personne peut être serviable, un couteau utile;
- y'avait qu'à entendre ou il fallait écouter (avec les deux «orientations» différentes de ENTENDRE et ECOUTER).

Avant de terminer sur les bons mots d'enfants, je voudrais aborder l'incidence de ces bons mots sur le développement du langage de l'enfant.

3. Incidence sur le développement du langage de l'enfant

On a vu, par l'absence du rire par exemple, que l'enfant ne maîtrise pas ce qu'il produit, contrairement à ce qui se passe dans le jeu de mot intentionnel, ou, tout au moins, que l'enfant comprend après l'avoir produit.

Cependant, l'attitude de l'entourage a bien souvent une incidence en retour sur la compréhension de l'enfant. Le «bon mot» est, la plupart du temps, répété à profusion devant l'enfant, avec la plupart du temps une certaine fierté[2]. Même si l'enfant n'en était pas conscient au départ, il sent maintenant qu'il s'est passé quelque chose. Dans le cas de Gladys, si le mot qu'elle visait (chirurgien) en prononçant «sirop d'chien» est répété; il y a des chances qu'elle y prête attention, et, la différence entre les deux étant minime et n'étant que du domaine de l'articulation, qu'elle parvienne très vite à prononcer le mot correct. Lorsqu'il s'agit d'un problème plus complexe (le domaine dans lequel limiter une règle), la correction est moins probable. Cependant, le «bon mot» a une incidence, ne serait-ce que globale, car il signale à l'enfant qu'il y a quelque chose d'étrange dans sa façon de dire. En général, d'ailleurs, l'entourage n'est pas non plus capable d'analyser ce qui s'est passé. L'attention de l'enfant est attirée sur cet énoncé, mais ce sera ensuite à lui seul de retrouver la clé vers une modification de sa grammaire.

D'autre part il est possible que des confusions de termes de l'ordre de celles citées ci-dessus (ou celle pendant très longtemps de Michaël entre «rat» et «gras») «colore» d'une certaine façon le terme visé. Ainsi, pour Michaël, «étoile» évoque, «appelle», systématiquement «toile d'araignée», ce que confirme l'Obs. suivante, plusieurs années après l'Obs. 209:

```
Obs.504   MI(5,8)   22/4/82:

MI observe pour lui-même sa main, il écarte les
doigts; DJA passe et dit alors:

Dja - ça fait cinq.
Mi  (tout bas, pour lui-même)
    - même ça fait une étoile.
    (rapproche sa main de ses yeux, puis:)
      une toile d'araignée, bah!
    (et écarte sa main avec une mine de dégoût).

l'association "toile d'araignée" - "étoile" est
récurrente chez MI (voir Obs.209, la première notée)
```

Il est possible que certains rapprochements créés ainsi au moment de l'acquisition première d'un terme restent (définitivement?) «accrochés» à ce terme. Ainsi les lapsus sont peut-être systématiquement les mêmes chez un même individu.

Dans le livre *L'Aphasie et l'Elaboration de la Pensée Explicite*, A. Ombredane cite cette réaction d'un aphasique à qui l'on demande de dire alternativement «blanc» puis «noir» plusieurs fois de suite:

PAM - H - 68: (p. 310)

Doit nommer alternativement «blanc» et «noir». Réussit assez bien. Quand il ne parvient pas à trouver «blanc», il lui arrive de dire «chemise», puis «chemise blanche»; alors «blanc» est retrouvé.

Il est possible que ces associations de termes faites par des aphasiques recherchant un mot, soient ces associations, à l'origine fortuites, faites dans la période de l'acquisition première (ou, tout au moins, dans une période où la signification et le rôle du mot ne sont pas définitivement figés).

Pour l'exemple cité, on dirait que «chemise» fait partie du contexte «naturel» de «blanc»; contexte à l'origine ou contexte d'utilisation prépondérant dans l'expérience antérieure de cette personne.

En conclusion de ce chapitre sur les «bons mots d'enfants», on peut dire que, bien qu'ils ne soient pas maîtrisés par l'enfant ni produits intentionnellement; ils peuvent parfois avoir une incidence sur la compréhension du langage par l'enfant, en retour de l'attitude de l'entourage face au «bon mot». Ils constituent d'autre part des informations intéressantes pour le linguiste sur la maîtrise des éléments du langage mis en jeu dans l'énoncé étudié à un moment donné du développement du langage d'un enfant.

NOTES

[1] On peut différencier PASSE SIMPLE et IMPARFAIT comme temps de l'histoire, en ce sens qu'avec le premier, le locuteur fait comme s'il rapportait des événements ayant eu lieu réellement (d'où le caractère vivant du récit au passé simple); alors qu'avec le second, l'histoire se donne pour imaginaire (voir seconde partie).

[2] Au contraire, lors de la production du remarquable «fallait qu'à entendre» que nous aurions volontiers «adopté» par jeu, Michaël était de très mauvaise humeur et aurait très mal accepté que cette production lui soit répétée (assimilée à une moquerie).

Chapitre III
La sur-utilisation (d'appropriation) (Autre comportement métalinguistique particulier)

1. Introduction et quelques exemples

Après la réflexion et le jeu spontanés de l'enfant à propos de mots ou mécanismes du langage, voici un phénomène typiquement lié à l'acquisition du langage et qui constitue un comportement particulier de l'enfant.

Lorsqu'un enfant est attiré par un élément du langage (mot ou mécanisme grammatical), il se met à l'utiliser excessivement, à le «sur-utiliser». Il l'a en permanence à l'esprit, le tourne et le retourne dans sa bouche comme on suce un bonbon. Il est toujours prêt à l'utiliser et celui-ci apparaît bien plus que sa moyenne d'utilisation chez les personnes de l'entourage de l'enfant, ou les autres adultes parlant la même langue.

C'est par exemple Emilie (6,1), qui ponctue tous ses énoncés de l'expression «remarque» (plus de vingt fois dans l'heure où je l'ai vue!): «je veux bien jouer à ce jeu, remarque je sais pas y jouer»; «remarque, ma maman va venir tout à l'heure...», etc. Cette expression l'a attirée, intriguée, et elle en «saupoudre» ses énoncés. Dans un mois peut-être, cette expression n'apparaîtra plus, en excès tout au moins, dans les énoncés d'Emilie.

Ceci est un fait essentiel de l'acquisition avant l'âge scolaire; l'enfant est libre d'utiliser un terme autant qu'il le veut, de s'en préoccuper aussi longtemps qu'il le désire; ou plutôt aussi longtemps que cela lui est nécessaire.

On a vu l'exemple de Michaël cherchant sur deux jours à s'approprier «langue au chat». Comme chaque emploi était différent du sens attribué en général à cette expression, il a été facile de voir qu'il y avait sur-utilisation, intérêt particulier pour cet élément.

La sur-utilisation apparaît facilement à l'observation, et il est aisé d'en trouver des exemples, tant sur des expressions «toutes faites» comme celle que je viens de citer, que sur des mots «concrets» (par exemple, Djamila qui, vers 6 ans, trouve au cours d'une même journée mille raisons de parler de «boussole»; l'objet, mais surtout le mot, l'attirant particulièrement). Dans ces cas-là, la sur-utilisation s'apparente un peu aux «tics» de langage de certaines personnes qui ponctuent leurs énoncés de «n'est-ce pas?», «tu vois?»...

Cependant, la sur-utilisation des enfants a un caractère beaucoup plus passager que ces tics qui parfois caractérisent un individu pendant des années. Cet aspect passager est dû au fait que de nouveaux mots ou mécanismes vont bientôt attirer l'attention de l'enfant qui délaissera le terme précédent. Il peut également ne plus avoir besoin de l'utiliser en excès, son acquisition étant achevée.

La sur-utilisation cependant ne se limite pas aux expressions plus ou moins figées ou aux mots simples. Elle affecte également les processus grammaticaux, les mécanismes qui nous permettent de construire des significations complexes. Elle est alors à nouveau le reflet d'une intense période de réflexion de l'enfant sur cet élément.

Prenons par exemple, une série d'énoncés contenant EN, produits par Michaël le même jour, au cours de la même conversation, dans des contextes et sur des sujets divers:

```
Obs.453    MI(5,2)    13/10/81:

MI a mis des collants, ce qui est nouveau pour lui;
il décide que ce sont des collants de Prince:

- on dirait des chaussettes, c'est des chaussettes
  encollantées (rit)...oh! encollanté, c'est drôle!

(voir également les trois observations suivantes)
```

```
Obs.454   MI(5,2)   13/10/81:

"please" = "s'il vous plaît" en anglais; MI parle
à cette époque à peine quelques mots d'anglais
(please, quelques noms de couleurs, les chiffres...)

 Mi  (vers DJA, en parlant de moi)
    - je vais lui d'mander la guitare (-) en plea-
      sant.
    (vers moi)
    - please, madame, vous pouvez m'donner la
      guitare?
"en pleasant"= "en disant please; en étant poli.."
```

```
Obs.455   MI(5,2)   13/10/82:

 - m'avait deux policièrs à l'école, un était beau
   mais l'autre, sa voix, elle était entoussée.
```

```
Obs.456   MI(5,2)   13/10/82:

à propos de la différence entre "mousse" au chocolat
et "crème" au chocolat; discussion qui revient à
chaque achat:

 - la mousse au chocolat, c'est de la crème emmoussée,
   emmoussée.

(en faisant le geste de battre la crème)
```

Il s'agit pour Michaël, au-delà d'une sur-utilisation de cet outil grammatical, d'en comprendre le fonctionnement et le rôle dans les énoncés. Michaël se donne les moyens de comprendre cet outil en le «mettant en scène» incessamment.

2. L'exemple de «d'ailleurs» et les différentes attitudes de l'enfant dans la sur-utilisation

La sur-utilisation d'éléments grammaticaux permet de saisir la complexité, la difficulté pour l'enfant à un moment donné, de s'approprier le fonctionnement du mécanisme qui l'intrigue. C'est à partir d'utilisations intéressantes de D'AILLEURS par Michaël, entre (4,4) et (4,8), que j'ai perçu ce phénomène pour la première fois. Chaque utilisation de D'AILLEURS — trop complexe pour Michaël alors — étant «erronée» ou un peu en décalage avec ce que ma grammaire interne me permet de comprendre de D'AILLEURS; il a été aisé de repérer cette sur-utilisation et de constater, ce qui est un fait particulièrement intéressant, qu'elle a duré plusieurs mois. Remarquons que Michaël a ensuite abandonné cet élément dont il n'a pas perçu tout le rôle. (On trouvera quelques éléments d'explication sur le rôle de D'AILLEURS dans le dernier chapitre de la seconde partie).

Voici cinq observations de cette période qui vont permettre de saisir différents aspects de la sur-utilisation. La première signale *l'attirance première* pour cet élément (première observation contenant D'AILLEURS notée). On y constatera le caractère fortuit de cette attention pour D'AILLEURS. C'est la forme du mot qui l'a intrigué, son rapprochement avec un autre mot du point de vue sonorités uniquement. Cependant, à partir de ce premier attrait pour D'AILLEURS, une série de manipulations sur ce terme et ce qu'il recouvre s'ensuit:

Obs.237   MI(4,4)   12/12/80:

repris d'un énoncé prononcé quelques instants plus tôt (et qui ne s'adressait pas à lui):

Mi - *on le ferme d'ailleurs? oh! ferme d'ailleurs, ferme d'ailleurs...ça fait pas "ferme ta gueule" hein, ferme d'ailleurs?*
Ad. - non, ça va, "ferme d'ailleurs", on peut le dire.
Mi (se tourne alors vers sa soeur et, sur le ton de "ferme ta gueule", lui crie):
    - *ferme d'ailleurs!*

et a un petit rire malin.

Obs.250   MI(4,5)   15/1/81:

on attend la fin du cours de gymnastique de DJA. On peut regarder ce qui se passe dans le gymnase grâce à une verrière.

Mi - *elle est finie, la gym de Djami?*
Ad. - non, je vais aller regarder d'ailleurs.
Mi - *d'ailleurs (-) elle est finie?*
Ad. - non.

(le deuxième énoncé de MI signifie: quand tu dis "d'ailleurs",est-ce que ça veut dire "elle est finie"?)

Cette observation a déjà été citée à propos de questions métalinguistiques. L'énoncé 1 est déjà non-référentiel, on l'a vu alors. Il ne fait que manifester l'impatience de Michaël. Cette observation est néanmoins utile ici car elle témoigne d'une attitude particulière : *la question*. Michaël pose une question sur le rôle de D'AILLEURS; cela est un aspect de la SUR-UTILISATION.

La troisième observation est un indice de l'*omniprésence* de D'AILLEURS à l'époque chez Michaël. Un élément qui attire un enfant à un moment donné est comme en permanence prêt à être utilisé, mis en énoncé. Ce mot peut s'imposer à la place d'un autre; c'est le cas ici :

```
Obs.315   MI(4,7)   13/3/81 :

un disque a été égaré un certain temps; je l'ai re-
trouvé et placé derrière un livre d'enfant près de
l'électrophone; plus tard, MI prend le livre et est
étonné de voir le disque perdu :

- oh! (-) d'ailleurs (-) d'ailleurs (-) 'Derrière
  euh le livre là, vous l'avez trouvé ?
```

Michaël voulait dire DERRIERE et D'AILLEURS s'est «imposé». Il est intéressant de constater que, bien sûr, certaines caractéristiques communes aux deux termes peuvent expliquer ce lapsus — la production de l'un à la place de l'autre —: DERRIRE et D'AILLEURS sont des outils grammaticaux tous les deux; ils sont morphologiquement assez proches (même longueur, /j-R/ en commun; mais surtout même attaque — /d/ —, ce qui me semble décisif).

D'autres éléments peuvent expliquer le lapsus mais le fait que D'AILLEURS soit en phase de SUR-UTILISATION donne à sa production, même involontaire, même en lapsus, une plus grande probabilité.

Enfin, les deux observations suivantes, à (4,7) toutes deux, sont des *manipulations d'essai* de D'AILLEURS; Michaël teste cet outil du français. C'est probablement de ce genre d'utilisation — accompagnée de l'observation des énoncés adultes — qu'il peut inférer le maximum d'informations sur le rôle de l'élément sur-utilisé. Il y a là démarche plus volontaire de la part de l'enfant :

```
Obs.341   MI(4,7)   30/3/81 :

joue seul avec une fleur en plastique dont un pétale
est cassé (chantonne d'une petit voix aiguë) :

- je suis une fleur...et d'ailleurs...j'ai 5 dents
  et 1 dent...qu'est cassée...
```

```
Obs.342   MI(4,7)   31/3/81:

MI est en train de "maquiller" une poupée; il a pris
un crayon ordinaire (qui donc ne marque pas sur la
poupée), il chantonne:

- 1) j'ai dessiné ses sourcils,
  2) ça se voit pas,
  3) j'ai dessiné son nez,
  4) ça se voit pas d'ailleurs.
```

Ces deux observations sont les dernières à faire apparaître D'AILLEURS. Ensuite, Michaël l'a «abandonné», probablement parce que d'une part, il n'arrivait pas à en comprendre le fonctionnement et le rôle, et d'autre part, parce qu'il a été attiré par de nouveaux éléments. Michaël a repris des manipulations sur D'AILLEURS depuis 07/1983; où il semble plus proche de l'utilisation adulte.

Cet exemple de sur-utilisation de D'AILLEURS est intéressant à plusieurs titres. Tout d'abord, il a permis de voir plusieurs types de manipulations à l'intérieur du concept trop global de SUR-UTILISATION. Ensuite, il a permis de constater que l'attirance pour un opérateur du langage peut durer longtemps (ici plusieurs mois). Enfin il est également utile de constater, à partir de ces observations, que l'enfant peut tenter de s'approprier des termes au rôle «trop» complexe pour sa maturité linguistique.

Conclusion de la première partie

Les exemples de productions linguistiques spontanées d'enfants étudiées dans cette première partie ont voulu montrer l'existence d'une intense activité de réflexion de l'enfant sur le langage.

Rappelons en effet que l'enfant s'apprend seul le fonctionnement du langage, qu'il doit seul comprendre les énoncés qui lui sont adressés et repérer, par-delà ceux-ci, les règles qui ont permis de les construire.

Toute cette période de l'appropriation première du langage s'accompagne comme cela semble bien naturel d'un intense travail de l'enfant, même si celui-ci passe en général inaperçu. On se rend bien compte la plupart du temps que tel enfant est capable de dire des choses de plus en plus complexes, mais lesquelles? et comment il en est arrivé là? sont des questions le plus souvent sans réponse.

Ces premiers exemples ont permis de VOIR cette activité de réflexion et manipulation intenses du langage, de mettre en évidence la réflexion métalinguistique de l'enfant sous diverses formes qu'elle prend. On a séparé dans cette partie «jeu» et «réflexion», pour la commodité de la présentation; mais on ne peut les séparer longtemps. Tous deux sont des facettes différentes d'un même processus: l'appropriation active du langage. Le jeu accroît la maîtrise du langage qui, en retour, permet un jeu élargi.

Dans le second volet, nous allons maintenant suivre plus précisément le développement de l'acquisition de la langue; voir quelques cheminements d'appropriation. Dans la première partie, les observations ont été citées parce qu'elles révélaient un comportement métalinguistique de l'enfant, une attitude de l'enfant VERS le langage (jeux, questions, observations, sur-utilisation...). Maintenant, les manipulations vont être reliées entre elles pour révéler des STRATEGIES d'appropriation d'éléments lexicaux et grammaticaux de la langue.

Le premier volet s'occupait plus de «mots» séparés, même si j'ai signalé plusieurs fois qu'il s'agissait de phénomènes généraux s'appliquant également aux mécanismes grammaticaux. Cette seconde partie va traiter beaucoup plus de la «grammaire», des outils grammaticaux.

DEUXIEME PARTIE

LA GRAMMAIRE DES « FAUTES » DES ENFANTS (STRATEGIES METALINGUISTIQUES)

Introduction

Pour expliquer l'acquisition du langage par l'enfant, beaucoup parlent d'imitation. Et, en effet, un enfant placé dans un milieu parlant français apprendra le français, alors que placé dans un milieu parlant une autre langue, il apprendra cette autre langue. Il y a donc bien imitation. Il lui faut entendre des mots français, des tournures du français; entendre utiliser la grammaire du français.

Mais lorsqu'un enfant dit «j'ai tout peinturé» par exemple, on ne peut se contenter de l'explication «imitation», car il n'a pas entendu cet énoncé; il l'a CRÉÉ.

Pour cela, il lui a fallu repérer dans un énoncé du type «j'ai mangé», le mécanisme de construction de l'élément «participe passé» et comprendre que ce mécanisme peut être appliqué à d'autres racines de verbes pour créer des «lavé, croqué, dessiné.... peinturé!». Il lui a fallu aussi comprendre le rôle de cet élément dans un énoncé; c'est-à-dire son utilité, ce à quoi il sert; quelle signification particulière il permet de créer qu'aucun autre élément de la langue ne permet de créer. C'est-à-dire qu'il lui a fallu trouver ce qu'il y a de commun — au-delà des sens particuliers de «dessiner, croquer, laver, manger...» — dans les énoncés «j'ai mangé, lavé, croqué, dessiné...»; puis les différencier des significations produites par des énoncés comme «je *vais* manger, je dessin*erai*, je *dois* laver...». L'enfant s'est forgé un modèle du fonctionnement du participe passé par l'observation et l'analyse des énoncés entendus le contenant.

Une «faute» de ce type («peinturé») montre une étape dans le modèle que l'enfant se forge: il a repéré une partie du mode de construction du participe passé, une partie de son rôle, mais d'autres éléments restent à acquérir (ici, par exemple, le fait que certaines racines n'admettent pas cette construction pour créer un participe passé).

On perçoit tout le parti que l'on peut tirer de l'étude des «fautes» si on les considère comme des moments dans la construction de la grammaire interne de l'enfant. Cependant, pour pouvoir tirer parti de ces fautes, il faut pouvoir les analyser. Pour cela, il faut *comprendre* le langage, comme il fonctionne. Il faut une théorie du langage qui permette de relier les phénomènes linguistiques entre eux.

QUELQUES MOTS SUR LA GRAMMAIRE TRADITIONNELLE

La grammaire «traditionnelle», c'est la grammaire enseignée à l'école primaire. C'est une description du français héritée du latin et peu modifiée depuis, malgré le développement des sciences du langage, notamment depuis un siècle.

C'est en général la seule théorie — la seule *description* du langage — que possèdent les personnes en contact avec les enfants: éducateurs ou parents. Or, elle est extrêmement limitée: elle a donné des «noms» à des phénomènes du français et c'est tout.

La grammaire traditionnelle dit: ceci est un pronom personnel sujet à la première personne du singulier, ou ceci est un article indéfini, cela est un imparfait, voilà un adverbe de manière, une conjonction de subordination, etc... Ce sont des noms donnés à des phénomènes. L'avantage de la grammaire traditionnelle, dans la mesure où elle est tellement répandue, c'est sa précision, d'une certaine façon. Il s'agit d'une convention bien établie pour désigner les faits grammaticaux. On sait donc bien de quoi l'on parle lorsque l'on utilise ses dénominations.

Cependant, ce ne sont que des noms et en aucun cas, des explications. «Imparfait» n'explique pas le pourquoi, la nécessité d'avoir recours à l'imparfait pour produire telle signification.

Dans l'analyse «logique» de la grammaire traditionnelle (qui est «systématique» bien plus que «logique»), on peut parfois trouver un peu plus qu'une dénomination; ce sont les «x s'accorde en genre et en nombre avec y» par exemple. Ces remarques soulignent un *lien* entre deux éléments de l'énoncé, un rapprochement à faire entre ces deux termes. Mais, encore une fois, il ne s'agit pas de caractériser, expliquer ce lien; il s'agit au mieux de dire qu'il existe.

On peut trouver quelques «explications» sur le rôle, ou plutôt sur l'*effet* que produit tel outil grammatical. Alors, la plupart du temps règne une grande incohérence. Prenons le cas de l'imparfait (dont on a déjà souvent dit qu'il était très mal nommé) : la grammaire traditionnelle parle à son sujet d'aspect duratif, destiné à rendre un processus qui «dure» dans le temps par opposition par exemple au passé simple : il mangeait/il mangea. Mais on peut trouver de nombreux exemples en contradiction avec cette interprétation: «A quelques secondes de la fin du match, X marquait le but de la victoire» ou «à 0 h 30, l'avion explosait en plein vol»... (cités par H. Adamczewski). Dans ces cas-là, où «duratif» est difficilement envisageable, la grammaire traditionnelle parle de «soudaineté»! Ni duratif, ni soudaineté, ni «passé d'habitude» ne peuvent rendre compte de ce qu'un imparfait apporte à un énoncé.

La grammaire traditionnelle est un rafistolage de la grammaire latine pour essayer de décrire tant bien que mal le français, mais ce n'est en aucun cas une théorie cohérente. Le seul avantage reste ces dénominations très précises, même si elles sont souvent peu éclairantes (ex. : plus-que-parfait, passé simple, passé composé, passé antérieur... il y a cohérence entre «passé simple» et «passé composé», les deux termes renvoyant à la forme de ces temps grammaticaux; mais «passé antérieur» lui, renvoie à la chronologie extralinguistique et la question se pose immédiatement de savoir dans cette chronologie, où se situent «passé simple» et «composé»; «plus-que-parfait» également renvoie à un nouveau domaine qui n'est plus ni la forme, ni la chronologie... difficile de se forger une représentation cohérente de ces outils linguistiques).

QUELQUES ELEMENTS POUR COMPRENDRE LE LANGAGE ET L'ACQUISITION DU LANGAGE

1. Extra-linguistique et linguistique

Tout d'abord, il faut faire la distinction entre le domaine de l'extra-linguistique (ce qui est hors du linguistique) et le domaine du linguistique. Lorsque nous disons «je mange une pomme»; sur le plan extra-linguistique, une certaine action (manger) est accomplie par une certaine personne (je) sur un objet (une pomme). Sur le plan linguistique, des « mots » sont agencés, associés d'une certaine façon, pour produire une signification voulue par le locuteur. Lorsque l'on veut analyser le langage, comprendre ces arrangements, ces associations de mots; il faut se placer sur un plan exclusivement linguistique, considérer des « mots » et des « opérations », et non des « actions » et des « objets » de l'extra-linguistique.

On se souvient du tableau de Magritte représentant une pipe et dont la légende est : « Ceci n'est pas une pipe ». Lorsque l'on regarde le tableau pourtant, la première idée qui vient est de dire qu'il s'agit d'une pipe. Mais, d'une certaine façon, Magritte a raison; il s'agit d'une certaine utilisation d'un matériau (la peinture) et de certaines opérations possibles avec ce matériau (opposer des clairs et des foncés pour faire se détacher un objet sur un fond; apposer des nuances différentes pour rendre la rondeur de l'objet représenté...). En aucun cas, il n'y a là, devant nous, une pipe; mais un tableau, résultat d'un acte de peinture.

De même, « je mange une pomme » est un énoncé; c'est le résultat d'un acte de langage.

Tout au plus, si l'on tient à faire référence à la réalité extra-linguistique (ou extra-picturale) peut-on dire : ceci *représente* une pipe, ou ceci *parle de* quelqu'un qui mange une pomme. Mais si l'on veut analyser le langage, il faut cesser de confondre le linguistique et l'extra-linguistique — les objets linguistiques que sont les énoncés et les objets de la réalité — car les règles qui organisent les uns et les autres sont de natures différentes.

2. Une grammaire d'opérations

Les énoncés sont CONSTRUITS dans le but de produire des significations. Le locuteur CHOISIT une construction, un mécanisme, dans le but d'organiser les mots entre eux en une signification voulue. Il faut comprendre à quoi servent les différentes formes grammaticales; il est donc nécessaire de dépasser la « dénomination » à laquelle s'arrête la grammaire traditionnelle.

Pour faire une analogie avec les mathématiques, on pourrait dire qu'en mathématiques, on prend des *objets mathématiques* (nombres, fonctions, etc...) sur lesquels on applique des *opérations* (additions, soustractions, dérivations, intégrations...).

Par analogie, on pourrait dire que le langage, *ce sont des opérations sur des objets linguistiques* (mots, groupes de mots,...) *pour produire des significations*.

Nous n'avons pas accès aux opérations mêmes, dans la mesure où nous ne pouvons encore suivre ce qui se passe dans le cerveau, des échanges chimiques et électriques au niveau des neurones jusqu'aux énoncés produits par notre bouche ou entendus par notre oreille. Mais nous pouvons *reconstruire* les opérations utilisées pour un énoncé car elles apparaissent sous forme de *traces* dans celui-ci.

Les traces d'opérations — que l'on appelle encore opérateurs ou métaopérateurs — sont toutes les formes grammaticales qui organisent nos énoncés et font que, devant l'un, on comprend une chose, et devant un autre, organisé autrement, avec d'autres formes grammaticales, d'autres traces d'opérations, on comprend autre chose.

La grammaire d'opérations est une théorie linguistique récente, illustrée particulièrement pour l'anglais par H. Adamczewski. Dans l'étude qui a servi de point de départ à ce livre (thèse sur les fonctions poétique et métalinguistique dans le langage enfantin), cette théorie s'est révélée particulièrement éclairante pour la description de l'acquisition du langage par l'enfant.

3. Construire sa grammaire

Le langage donc, ou la langue qui en est une forme de réalisation, ce sont des objets linguistiques et un ensemble d'opérations applicables à ces objets. L'enfant entend des énoncés, des «produits finis». Personne ne lui en donne la théorie, le «mode d'emploi» avant usage. Il lui faut repérer dans les énoncés entendus, les objets linguistiques et les opérations par leurs traces dans ces énoncés. L'enfant doit construire sa grammaire.

Or l'observation des enfants, de ce qu'ils font spontanément avec le langage, de ce qu'ils arrivent à utiliser et à comprendre spontanément à chaque moment, permet de voir cette construction s'élaborer petit à petit. On a eu un aperçu de cette activité dans la première partie. Maintenant, avec de nouvelles observations, particulièrement celles montrant des «fautes» (des étapes dans l'élaboration de la grammaire), nous pouvons aller plus loin dans la description de l'acquisition du langage.

Le plan de cette seconde partie ne suit pas la chronologie de l'acquisition elle-même, car celle-ci est multiple : chaque enfant élabore sa grammaire d'une façon originale et l'on ne saurait proposer un modèle de chronologie sans grands risques. Avec des exemples à chaque fois caractéristiques de l'acquisition par les enfants français, je vais décrire tout d'abord les objets linguistiques, puis des opérations que la grammaire française permet sur ces objets. Les opérations seront décrites en trois niveaux qui sont autant de niveaux croissants d'organisation des énoncés et dont chacun suppose connu le précédent.

On verra donc d'abord des opérations qui permettent de créer des énoncés simples, puis plus loin, des opérations qui créent des relations entre plusieurs énoncés. Ceci, pour la commodité de la présentation, et non, encore une fois, par souci de présenter une chronologie du développement du langage enfantin. En effet, on ne peut par exemple considérer qu'il faut d'abord connaître les mots (les objets linguistiques simples) et ensuite seulement chercher à les agencer. Les enfants apprennent très tôt des opérations sur les mots, parallèlement à l'acquisition des mots eux-mêmes. De même, apprend-on encore de nouveaux objets linguistiques à l'âge adulte.

Il semble évident, après ce que je viens de dire, que la séparation entre acquisition des objets linguistiques et acquisition des opérations n'est faite que pour permettre un exposé clair. Mais il en est de même des «trois» niveaux d'opérations que je décris plus loin. Leur complexité croissante ne suffit pas à «démontrer» que l'enfant les aborde l'un après l'autre. On a vu les essais de Michaël vers 4 ans et demi pour s'approprier D'AILLEURS. D'AILLEURS fait partie des opérateurs que j'ai classé en troisième partie, mais cela ne prouve pas que l'enfant attende de connaître les deux autres niveaux pour tenter de s'approprier celui-ci.

Cette deuxième partie n'est pas une description de l'acquisition du langage de deux enfants français (ceux qui ont été particulièrement observés), ni à fortiori une description du développement du langage DES enfants français; mais plutôt, à travers une revalorisation des «fautes» caractéristiques des enfants au cours de l'élaboration de leur grammaire, ce livre souhaite donner quelques repères dans l'acquisition du langage.

Chapitre I
Les objets linguistiques simples et complexes
(Mots et groupes de mots)

OBJETS LINGUISTIQUES SIMPLES (MOTS ISOLES)

1. Acquisition du lexique

A. « mots concrets »

Les «mots» isolés du lexique — substantifs, mais aussi racines des verbes et des adjectifs — constituent un ensemble d'objets linguistiques riche. On peut déjà y trouver les mots directement associables à un objet du monde réel: «papa», «balle», «table»... Pour ces objets linguistiques, l'acquisition est relativement immédiate une fois l'enfant prêt à admettre qu'à un objet extra-linguistique peut être associé un objet linguistique, une suite de son (un «mot»). La découverte par les jeunes enfants de cette association réciproque:

      objet extra-linguistique ⟷ objet linguistique,

donne lieu à ce que l'on appelle parfois la «nomination jubilatoire». Voici un exemple avec Clara à (1,5):

```
Obs.521   CLA(1,7)   31/3/81:

"explosion de vocabulaire". Ses parents pensent que,
depuis 3 semaines environ, il leur est impossible de
citer tous les mots que connaît CLAra.
(plaisir de l'accord sur une convention, un code;
complicité avec l'adulte, sécurité de redire ce que
l'on sait...)
```

> CLA nomme en désignant de l'index, tout ce qui est en vue.
> Au cours d'une promenade, le dimanche précédent, CLA a appris (et maîtrisé, dans la mesure où elle est capable de dire le nom de l'objet, un long moment après que ce nom lui ait été dit) au moins dix mots nouveaux (noms de fleurs, d'arbres...)

La nomination jubilatoire est une sur-utilisation d'une opération du langage : celle qui permet d'associer un objet linguistique à tout objet du réel. L'enfant a repéré celle-ci et il se met, par plaisir autant que pour apprendre réellement, à demander «le mot pour» tout ce qu'il voit.

Cependant, la signification des objets linguistiques de ce groupe (immédiatement associables à un objet extra-linguistique) n'est pas univoque. En effet, un mot comme «table» ne vaut pas seulement pour LA table désignée la première fois à l'enfant par ce mot-là; il vaut pour tous les objets ayant forme et fonction de table. Il faut que l'enfant repère le fait que ce mot est applicable à tous les autres objets extra-linguistiques *équivalents* d'une certaine façon à celui pour lequel le mot a été donné en premier. Il lui faut donc découvrir les propriétés constitutives des objets du réel, qui justifient cette dénomination.

Dans l'observation suivante, on peut suivre l'utilisation progressive et les réajustements de Tania, enfant américaine, dans l'usage de termes désignant des liquides, à boire ou non, entre 17 et 19 mois (observation citée par la mère de Tania, Julia Falk, psycholinguiste, que je remercie ici) :

> Obs. 569 TAN(de 17 à 19 mois). Enfant américaine observée par sa mère, Julia Falk, linguiste (M.S.U.):
> évolution de termes désignant les liquides:
>
> 17 mois : /dus/ (pour "juice" /dʒus/) réfère à une boisson très spécifique (le jus de fruit dans une timbale précise, l'après-midi dans sa chaise personnelle).
>
> 18 mois : /dus/ désigne maintenant tout ce qui est liquide (y compris l'eau du bain, l'image d'eau à la télévision - cascades...)
>
> 19 mois : TAN étend son lexique de nouveaux termes, à nouveau très spécifiques, et qui définissent en retour un champ plus restreint pour /dus/ :
> /dus/ : tous les liquides que l'on peut boire (à l'exception du lait);
> /miw/ (pour "milk" /milk/ = "lait"): désigne d'abord le lait en boîte acheté au magasin, puis le lait sous tou-

> tes ses formes;
> /woji/ (pour "water" /wɑtə:/ = "eau"): désigne seulement l'eau qui coule (cascades, eau qui s'écoule du robinet...); l'eau du bain et l'eau à boire restent /dus/.

Cet exemple montre bien tout ce qu'un objet linguistique, même en apparence si univoque, recouvre tant il est lié à l'*expérience* que l'on a du réel. Il faut que l'enfant repère que le mot «vaut pour» quantité d'objets extra-linguistiques, parce qu'ils ont en commun certaines caractéristiques. Le sens que nous mettons derrière les mots évolue en fonction de notre expérience. Nous apprenons de nouveaux mots et mettons derrière les mots que nous connaissons déjà de nouvelles significations en permanence.

Voici un deuxième exemple amusant; Michaël, autour de 18 mois, a appelé plusieurs fois des hommes rencontrés dans la rue «papa» — fait assez embarassant! —. «Papa» est à peu près équivalent pour lui alors à «monsieur jeune ayant une barbe». Il ne voit pas encore dans cet objet linguistique le référant exact que d'autres y voient. Il a repéré des caractéristiques de l'objet du réel pour lequel le mot «papa» a été utilisé devant lui et il étend cet objet linguistique à d'autres objets du réel présentant ces caractéristiques. Cette démarche apparaît nettement dans cet exemple où justement, il ne faut pas d'extension (au contraire de «table» vu précédemment), car l'objet linguistique «papa», tel les prénoms, ne peut référer qu'à un seul objet extra-linguistique. Il faut donc maintenant que Michaël restreigne la définition de «papa».

C'est en analysant des usages «déviants», «faux», à nouveau, qu'une démarche de l'enfant se révèle. Ce n'est pas parce que l'on a dit systématiquement «l'eau» en présentant un verre à un jeune enfant, ni même parce qu'il aura lui-même prononcé «l'eau» à chaque fois, que l'adulte et l'enfant mette derrière cette suite de sons le même référant. Il faut que l'enfant repère que c'est le liquide que l'on désigne et non l'action de donner le verre, ou de boire, par exemple; et puis, ce liquide, et non n'importe quel liquide... Pour cela, il lui faut comparer des expériences d'utilisation de cet objet linguistique dans des circonstances différentes et opérer un recoupement pour attribuer à «l'eau» la même valeur que son entourage.

Donc, l'acquisition des objets linguistiques (mêmes «concrets») donne lieu à un travail de la part de l'enfant. On a déjà vu dans la première partie que l'enfant repère à un moment donné le caractère conventionnel des dénominations (il se met à créer des mots, ou à employer un mot pour l'autre par jeu en sachant que l'on peut se passer de l'accord de tous sur les dénominations...). On voit ici de plus, que le contexte, l'expérience (ou plutôt l'ensemble d'expériences du même mot), pèse dans la définition mise derrière chaque objet linguistique.

B. « mots abstraits »

De nombreux objets linguistiques simples ne renvoient pas de manière plus ou moins univoque à un objet extra-linguistique : ce sont les « mots abstraits » de la grammaire traditionnelle; par exemple : « geste, forme, liberté... ».

Prenons l'observation 231 :

Obs.231 MI(4,4) 12/80 :

MI glisse sur le toboggan depuis plusieurs minutes. Maintenant, à chaque glissade, il adopte une position différente (assis, couché, sur le ventre, sur le dos.) et m'appelle à chaque fois d'un "regarde!" retentissant, puis :

– *maman, regarde, je change de geste!*

---

et regardons, non l'agencement grammatical (je + changer + 1re personne + de + substantif...) mais le contenu des termes « change » et « geste ». Ils ont une qualité différente de « table » ou « papa ». Ils présentent un niveau d'abstraction supplémentaire. Si Michaël dit : « Je descends sur le dos », « je m'assois », « je glisse sur le ventre »...; il fait à chaque fois référence à une attitude, à une action... Dans « je change de geste », il y a une abstraction : toutes les attitudes énumérées sont mises en rapport d'équivalence sous le terme générique « geste ». De même, « changer » n'implique aucune « action » plus ou moins univoque, mais une opération abstraite sur un ensemble de gestes.

Un niveau d'abstraction supplémentaire par rapport aux « mots concrets », soit; mais non une nature différente comme les termes « abstraits » et « concrets » le font penser. On a vu en effet que pour le « concret » TABLE, il faut que l'enfant repère des caractéristiques communes à plusieurs objets du réel pour utiliser ensuite l'objet linguistique « table » en conformité avec l'usage de son entourage. Après avoir opéré cette première analyse des objets rencontrés (réunir des caractéristiques communes à plusieurs objets susceptibles d'être désignés par « table »), il lui faudra définir ensuite des caractéristiques communes à ces objets et à d'autres, pour aboutir à une définition interne de «meuble», par exemple, qui est du même niveau d'abstraction que «geste».

C'est par une simplification abusive de la difficulté à acquérir les «mots concrets» que l'on a pû penser que les «mots abstraits» étaient d'une autre nature. Tous ont à voir avec une réflexion, un travail à partir de l'expérience, de ce qui s'entend, de ce qui se voit, de se qui se dit.

Prenons un autre exemple:

```
Obs.514    BVF(2,6)    (12/80):

Ad. - qu'est-ce que tu veux manger?

BVF - ...euh...je cherche....(les yeux au ciel)
```

Cet emploi a particulièrement surpris (et rempli de fierté!) la mère de Bruno. C'est en effet typiquement une expression d'adulte (mimique et intonation comprises) que le tout jeune enfant a repris ici. Cette observation fait penser au jeu d'acteur, au simulacre. L'enfant se «met dans la peau» d'un adulte (qu'il a vu agir ainsi) qui cherche ce qu'il pourrait bien préparer pour le prochain repas; il lève les yeux au ciel, met l'index au menton et dit pensivement «je cherche... je cherche...».

L'enfant est en train de s'approprier une attitude autant qu'une expression de l'adulte. En même temps, il ne fait pas que reproduire, il l'intègre à son expérience du langage. Ce sera plus tard une expression à lui.

C. «*expressions toutes faites*»

Il en est de même ensuite pour les expressions que l'on qualifie de «toutes faites»: elles s'acquièrent par réflexion à partir de l'expérience, mais d'une expérience de plus en plus riche, de plus en plus complexe. Que peut comprendre en effet un enfant de 3 ans à qui vous dites: «tu n'as pas les yeux en face des trous ce matin!». On se reportera également aux observations contenant «langue au chat» (108-A à 108-E) pour voir qu'il n'y a pas une si grande différence dans la démarche de l'enfant pour attribuer une valeur à «langue au chat» et à «dus», mot «concret», pour Tania (voir plus haut).

Et dans la mesure où de telles expressions font bloc, on les associera aux «mots concrets» et «abstraits» en une catégorie unique (plus pertinente pour la suite de l'analyse que ces termes de la grammaire traditionnelle qui mélangent qualités extra-linguistiques et linguistiques) : les objets linguistiques simples.

D. mots dérivés

Les mots dérivés d'autres mots sont de nouveaux objets linguistiques simples : exemple «France» et «français». Ils peuvent être acquis comme autant de nouveaux objets linguistiques sans rapport avec ceux déjà connus. Mais ils ont été obtenus par une opération sur une racine et l'enfant peut repérer cette opération. Pour progresser dans l'élaboration de sa grammaire, il lui faut en effet percevoir qu'il y a quelque chose en commun entre «France» et «français»; comme il lui faudra reconnaître une même racine à «partons» et «parti», «partirait» et «partir».

Dans la mesure où les mots dérivés sont des objets linguistiques simples, ils entrent dans cette catégorie, mais il faut reconnaître qu'ils peuvent donner lieu à des manipulations supplémentaires du fait de cette qualité même d'objet dérivé.

Voici deux observations montrant que Michaël a repéré cette possibilité du français. Encore une fois, c'est une utilisation «en excès», «abusive», qui révèle l'élaboration d'une sorte de règle chez Michaël.

```
Obs.239    MI(4,4)    14/12/80:
- quand y'aura Francis, on fera...des découpages...
  des sautages...des guilidages... (/gilidaʒ/)
```

«découper» donne «découpage»;
«sauter» donne «sautage» (alors que «saut» suffit);
«guili-der» donne «guilidage» (pour «chatouiller» souvent remplacé par «faire guili»).

De la même façon, Djamilia a créé «abritage» à (4,6), (Obs. 12).

Ces exemples caractérisent une règle et non une répétition simple. On pourra se reporter également aux observations 453 à 456 sur le préfixe «en-» (un des procédés de dérivation du français); 266 sur le suffixe «-eur»; à l'observation 230, particulièrement amusante, également.

A propos des dérivations, deux faits semblent importants. Premièrement, l'enfant doit repérer qu'à l'intérieur de certains mots, des «parties» du mot ont une signification par elles-mêmes. A ce moment-là, on peut s'attendre à trouver des excès de ce point de vue encore, comme par exemple dans l'observation 238 où Michaël repère «pris» dans «monoprix» («pris» a pour Michaël alors une signification, alors que «prix» n'en a pas). De la même façon, on se souvient de Djamilia à (3,10) repérant «basses» dans «basket» (Obs. 4).

Deuxièmement, pour aboutir à une maîtrise des outils de dérivation qui lui permette ensuite de créer lui-même de nouveaux mots dérivés ou de comprendre des mots dérivés qu'il n'aurait pas encore entendus mais dont il connaîtrait déjà la racine, l'enfant doit repérer le *système*, la régularité dans les dérivations; tel «suffixe» permet d'obtenir telle signification ajoutée à celle de la racine....

Au sujet des significations nouvelles obtenues par dérivation, on ne peut que souligner une fois de plus que la grammaire traditionnelle, en confondant extra-linguistique et linguistique, n'éclaire pas du tout le domaine; les explications et les qualificatifs pour caractériser les dérivations sont trop peu rigoureux: elle parle parfois de suffixe «créant», ou applicable à, un être animé, ou exclusivement un objet inanimé, etc...

En ce qui concerne les dérivations, comme d'autres opérations du langage, il s'agit d'un moyen économique que le langage s'est donné, de créer à partir d'un objet linguistique aux propriétés linguistiques limitées, quantité d'objets linguistiques porteurs de significations en partie commune, et présentant des propriétés linguistiques nouvelles, qui permet d'insérer cette signification de départ dans des contextes linguistiques sans cesse diversifiés. Lorsque, par exemple, la structure grammaticale de l'énoncé ne permet pas d'utiliser un verbe, on lui substitue un adjectif ou un substantif dérivé, obtenu avec une modification minime (ceci évite de remodeler totalement un énoncé).

Prenons l'observation 298 où Loïs, à environ 8 ans, utilise un suffixe du français d'une façon amusante:

Obs.298   LOIS(±8)   1/3/81:

au cours d'une promenade, trouve un épluche-légumes:

- *t'as vu? t'as vu c'que j'ai trouvé! (-) chouette, hein? en plus, il est encore serviable!*

Quand l'énoncé est commencé de cette façon-là: «il est...»; on ne peut utiliser «servir» ensuite (pour la signification recherchée par Loïs). En revanche, on peut dire «il PEUT encore servir», «il EST encore UTILISABLE»...

Il y a entre «servir» et «utiliser» une différence d'orientation (de «polarité») qui est de l'ordre de ACTIF/PASSIF :

il peut encore $\begin{cases} \text{servir} \\ \text{être utilisé.} \end{cases}$

«Celui» qui sert, ne peut *utiliser*; il *est* utilisé. Ce sont deux objets linguistiques aux qualités différentes (bien qu'ils renvoient en gros à une même qualité extra-linguistique). Tous deux peuvent accepter la dérivation en -ABLE; mais du fait de leurs caractéristiques différentes, ils ne sont pas interchangeables.

La grammaire traditionnelle dirait que seul un être animé (entendez un objet linguistique qui renvoie à un objet du réel dont une caractéristique est d'être animé) peut «servir» ou être «serviable». Ceci est seulement un effet de la polarité, de l'orientation particulière de «servir» et non la *raison* de l'incompatibilité de «serviable» dans le contexte de l'énoncé de Loïs. Le langage, ce sont des opérations sur des *objets* qui présentent eux-mêmes des caractéristiques, dont la polarité est un exemple.

Ce que l'on peut retenir ici en conclusion, c'est que le procédé de dérivation permet d'obtenir quantité de nouveaux objets linguistiques simples aux caractéristiques linguistiques nouvelles à partir d'un objet linguistique «racine». C'est un mécanisme, une des opérations du langage que l'enfant doit repérer, déduire des nombreux emplois disparates qui en sont faits devant lui, reconstruire dans sa forme comme dans sa fonction, son rôle, pour se l'approprier. Reconstruit-il explicitement, consciemment, cette opération abstraite ? Rien ne permet de l'affirmer ou de le réfuter. Ce que l'on voit cependant, c'est une démarche de réflexion, d'essais par tâtonnements; on voit des stratégies pour produire des significations nouvelles (par exemple : «il est encore serviable») à partir d'éléments totalement maîtrisés.

2. Stratégies pour pallier au manque d'objets linguistiques simples

A partir d'un lexique (c'est-à-dire d'un ensemble d'objets linguistiques simples) limité, l'enfant parvient à produire quantité de significations supplémentaires. Il y a là véritable stratégie pour signifier.

Il faut tout d'abord que l'enfant ait repéré la faculté qu'a le langage de *parler* de la réalité (l'association : objet extra-linguistique, au sens large d'objets concrets comme d'attitudes ou de situations, à objet linguistique). Il faut également qu'il perçoive qu'apposer deux objets linguistiques produit un sens supplémentaire. Par exemple, «Clara gâteau», c'est autre chose que deux mots déconnectés; cela signifie plus. Clara, qui utilise cette formule pour demander un gâteau, à (1,7)

(Obs. 527-B), a perçu cela. C'est la base même de la syntaxe, c'est-à-dire de la complexification croissante du langage. On ne parle pas que par objets linguistiques simples. Le langage sert à beaucoup plus que cela et, très tôt, l'enfant cherche les significations supplémentaires que deux termes juxtaposés peuvent produire. Plus tard, Clara pourra préciser avec «veut un», «désire», «attend», etc... un type de connexion plus fine.

Ces deux facultés du langage (association objet extra-linguistique — objet linguistique; et signification supplémentaire à toute association d'objets linguistiques) sont peut-être innées; en tout cas, elles sont essentielles et d'elles découle toute la formidable architecture du langage.

Prenons quelques exemples où les enfants pallient le manque de mot précis pour désigner un objet, une qualité, une attitude, ou quelque chose de plus linguistique.

```
Obs.247   MI(4,5)   1/81:

un ami joue de la guitare, vient d'en changer les
cordes, l'une vibre:

- elle est rayée, ta guitare.

(réf. un disque qui ne joue pas très bien, est un
disque "rayé")
```

Michaël a l'habitude de parler de «disques rayés». Lorsqu'une guitare produit un son défectueux, il a eu l'idée d'utiliser cet objet linguistique «rayé». On pourra également voir l'Obs. 140 («y a plein d'monde» pour «il y a plein de choses»), et l'Obs. 249 que voici:

```
Obs.249   MI(4,5)   15/1/81:

quand on écoute une certaine montre à l'oreille sans
appuyer fortement la montre contre l'oreille, on en-
tend le tic-tac habituel; quand on l'appuie très fort
on perçoit, derrière le tic-tac, un petit bruit ténu
(les ressorts?);
MI écoute, Ad. lui demande s'il entend un autre bruit:

- oui, il y a un bruit transparent.

nous étions incapables de qualifier ce bruit et le
qualificatif trouvé par MI nous semble particulière-
ment approprié.
```

Enfin, on peut également voir l'Obs. 234 déjà citée («souvent trucs») où Djamilia se débrouille là aussi avec ce qui est à sa disposition.

D'un côté, on peut considérer qu'il y a extension (extension de l'utilisation du terme «transparent» — limité normalement au registre du visuel — au registre de l'auditif). De l'autre, on peut dire que les mots n'ont pas encore subi une restriction au domaine exact dans lequel chacun est confiné dans le langage adulte («transparent» est perçu comme trop général et non encore limité au seul domaine du visuel). Il est difficile de trancher entre ces deux possibilités, qui impliquent pourtant deux conceptions de l'acquisition différentes. En tout état de cause, ce que l'on peut dire ici, c'est que l'enfant produit une signification selon une stratégie qui lui est propre. Il crée ici et ne répète pas.

OBJETS LINGUISTIQUES COMPLEXES

Les objets linguistiques complexes sont des mots pré-assemblés. Ils s'opposent aux objets linguistiques simples qui sont des mots isolés (table, papa, chercher, geste...).

Pour comprendre la mécanique, l'architecture, du langage; il faut en effet voir que dans les énoncés, des éléments sont pré-assemblés, ont un rapport privilégié entre eux au sein même de l'énoncé. Prenons l'exemple des articles; dans «la pomme tombe...», on sent bien que «la» et «pomme» sont dans un rapport privilégié. Tous les éléments de l'énoncé ne sont pas exactement équivalents, de même valeur, que les autres. Certains linguistes représentent les énoncés avec des parenthèses pour mettre en évidence les pré-arrangements des énoncés:

    par exemple, pour «la pomme tombe de l'arbre»:
    (la pomme) tombe de (l'arbre)
    (la pomme) tombe (de (l'arbre))
    (la pomme) (tombe (de (l'arbre)))
    ((la pomme) (tombe (de (l'arbre))))

D'autres utilisent des «arbres» comme celui-ci:

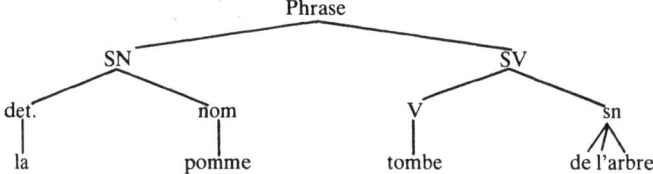

Ces procédés permettent de VOIR que les éléments de l'énoncé ne sont pas équivalents entre eux; qu'il y a une architecture progressive de l'énoncé. Mais celle-ci n'apparaît ni à l'écrit ni à l'oral, parce que les mots sont dits ou écrits l'un après l'autre, comme s'ils avaient tous la même valeur. Un énoncé est linéaire (suit une ligne) mais il n'est pas produit linéairement. Il faut avoir prévu de dire « pomme » pour commencer l'énoncé étudié plus haut par « la », par exemple. « Pomme » est premier d'une certaine façon et « la » n'est qu'un outil qui lui est second. Dans l'énoncé final, « la » et « pomme » forme un objet linguistique complexe où les deux éléments ont été liés en prévision de l'énoncé final.

L'exemple de l'article et du substantif parle immédiatement mais tout sous-groupe dans un énoncé est un objet linguistique complexe. Prenons les exemples suivants :

j'ai
- un nouveau manteau
- acheté un livre
- l'habitude de lire beaucoup
- des amis qui viennent dîner
- un achat à faire...

Les objets linguistiques complexes qui figurent à droite sont interchangeables. Ils ont été construits grâce à des opérations sur des objets linguistiques simples et assemblés ainsi en objets linguistiques complexes pour être insérés dans des énoncés.

L'énoncé final est lui-même un objet linguistique complexe, obtenu par des opérations sur ces objets linguistiques complexes, et qui peut ensuite être intégré à une structure linguistique plus grande (récit par exemple...). Du simple mot « attention! » (énoncé pour lequel un objet linguistique simple suffit) à une phrase très complexe insérée ensuite elle-même dans un paragraphe, dans un ensemble, et composée de nombreux objets linguistiques complexes, composés eux-mêmes de nombreux objets linguistiques simples associés par des opérations; de l'un à l'autre, il y a différence de complexité mais non de nature. D'une certaine façon, tous sont des objets linguistiques.

C'est pourquoi, dès la notion de mot simple, je préfère parler *d'objet linguistique*. On a d'ailleurs vu que les objets linguistiques simples sont eux-mêmes construits (que ce soit les mots dérivés, ou plus simplement, chaque mot construit par association de sons). Le langage est une construction d'objets de plus en plus complexes.

Dans ce chapitre, il s'agit donc déjà de traiter certaines opérations puisque l'on obtient des objets linguistiques complexes en appliquant des opérations sur des objets linguistiques simples.

1. Un, le (articles)

Revenons sur l'article. Il permet de constituer un syntagme nominal (ou «groupe du nom»). C'est un des déterminants du nom, comme on les trouve appelés maintenant le plus souvent; c'est-à-dire qu'ils jouent tous un rôle d'insertion du nom dans l'énoncé. Ils sont eux-mêmes la trace de cette opération d'insertion (cette «actualisation» du nom) et chaque déterminant a un rôle spécifique en plus (ce qui les fait qualifier de «démonstratifs», «possessifs»... selon le cas) : CE, CES, UN, DES, LA, LES, MON, TA, NOS...

La grammaire traditionnelle rend la compréhension des articles particulièrement difficile parce qu'elle ne permet pas de voir qu'ils constituent un système. Or, si l'enfant peut en acquérir le fonctionnement, c'est bien justement parce que, comme pour les autres opérations du langage, il y a une logique, une régularité, dans les rôles de ces éléments.

Voici une observation de Michaël qui met particulièrement en lumière le système derrière les effets produits par les articles dits «défini» et «indéfini» :

```
Obs.375   MI(4,8)   16/4/81:

m'avertit ainsi que sa cousine touche à la télévision

Mi  - maman, Catane, elle fait une bêtise avec
      la télé!

quelques minutes plus tard (énoncés isolés):

Mi  - maman, elle refait la bêtise!
```

La grammaire traditionnelle parle d'article indéfini dans le premier cas, et défini dans le second. Et en effet, on sent — si l'on ne considère dans un premier temps que l'effet produit par l'un et l'autre énoncés, sans voir le lien qui les unit — que dans le premier cas, la «bêtise» est peu définie; dans le deuxième cas, elle l'est. Elle l'est effectivement, parce que l'*on en a déjà parlé*. Il s'agit d'une deuxième mention de la «bêtise»; alors qu'avec «une», il s'agit de la première mention de cet objet linguistique dans le discours. Au niveau du verbe, ou plutôt du groupe verbal (faire-une-bêtise), il y a également une opération qui apparaît sous la forme du préfixe «re-», qui signale qu'il s'agit d'une duplication de l'énoncé précédent. Michaël parle pour la deuxième fois de quelque chose avec le même interlocuteur et il est obligé d'en tenir compte.

On trouve de bons exemples dans les titres de journaux. Le premier jour, on lit «Ø Carambolage sur l'autoroute» (et dans le corps de l'article : «UN carambolage gigantesque s'est produit...»). Les jours suivants «LE carambolage a fait cinq victimes...» (cet exemple a été repris d'un séminaire de H. Adamczewski).

Si l'on peut passer de DES à LES dans l'énoncé suivant : «le berger a des moutons..., les moutons du berger...»; ce n'est pas parce que l'on connaît déjà les moutons (objets extra-linguistiques) dont il est question dans le deuxième énoncé; mais parce que l'on connaît déjà l'objet linguistique «moutons», on en a déjà entendu parler dans un premier énoncé. De même, pour LE carambolage. On nous signale ainsi qu'il faut raccrocher le nouvel énoncé aux précédents, et non le concevoir comme un énoncé tout à fait nouveau.

Donc, en ce qui concerne les différents déterminants, l'enfant doit repérer les différentes opérations d'insertion d'un nom (actualisation du nom) dans l'énoncé. Prenons maintenant l'exemple des «possessifs».

2. Mon (la possession)

«Mon», «mes», «à moi»... sont des traces d'une opération de localisation. L'objet linguistique qu'ils introduisent est «localisé» dans la sphère d'un autre : par exemple, dans «la table de moi», il y a rapprochement de «table» (élément nouveau) et de «moi» (élément déjà connu ou fortement défini); il y a localisation du nouvel élément dans la sphère de l'élément plus connu. La localisation peut prendre en charge la «possession». Ce qui est «relatif» à moi, peut en effet, par extension, mais par extension seulement, désigner ce qui EST à moi. Cependant, la grammaire traditionnelle aidant, ce qui est secondaire est devenu principal[1] et l'on peut trouver des justifications comme celle-ci :

Un ami venu nous rendre visite ne nous trouve pas, et s'assoit pour nous attendre sur le banc près de la porte. Lorsque nous arrivons, voici ce qu'il nous dit :

...«je me suis installé sur mon p'tit banc en attendant. En fait, c'est votre banc plutôt!».

C'est-à-dire que la représentation en termes de «possession» est devenue principale, et cette personne éprouve le besoin de «rétablir la vérité» du point de vue de la possession, alors que dans son premier énoncé, il ne s'agissait nullement de possession (et le banc était alors bien «son» banc, puisqu'il s'y était installé).

A propos de la localisation par «pronom possessif»[2], sans pouvoir en examiner complètement l'acquisition par l'enfant, je voudrais signaler un phénomène fréquent dû à cette assimilation à la «possession». Des objets linguistiques qui expriment un tour de rôle, un ordre de passage, sont fréquemment utilisés en crèche: par exemple, «à toi maintenant, à Elodie, à Claude, à toi, à toi...». Lorsqu'un enfant dit «à moi» ou «c'est mon ballon», il manifeste son intérêt momentané pour un objet, il manifeste qu'il veut son tour, et non automatiquement — comme cela est pourtant en général interprété — qu'il en veut la possession définitive (marque prise en général pour de l'égoïsme).

Par cette anecdote, que l'on vérifiera aisément en observant des enfants d'environ 2 ans et demi, je veux souligner que l'opération de localisation n'est pas obligatoirement une marque de relation de possession et que l'assimilation abusive de l'un à l'autre, entretenue par la grammaire enseignée à l'école, fausse l'interprétation de certains énoncés enfantins (en retour, il est intéressant de constater l'importance de la possession, son omniprésence; même lorsque les éducateurs en prennent le contre-pied).

3. «C'est mon la mère» (la double-actualisation)

Dans l'appropriation des possessifs, entre autres, on trouve fréquemment des constructions comme celles-ci: « c'est mon la mère», «c'est mon le ballon» en réponse à «c'est à qui le ballon?».

Pour l'enfant qui produit ces énoncés, «la mère» et «le ballon» sont comme des blocs figés et ne sont pas produits volontairement dans ce nouvel énoncé de l'enfant. «Mère» et «ballon» apparaissent dans l'énoncé adulte, dans une certaine actualisation (insérés selon une certaine opération dont la trace ici est «la», «le»). L'enfant veut produire une nouvelle actualisation (avec «ma», «mon»), mais il ne dé-construit pas la première actualisation; il ne casse pas les blocs «la mère» ou «le ballon», avant de les insérer dans son nouvel énoncé avec «ma», «mon», et il crée ainsi des «c'est mon la mère», «c'est mon le ballon».

L'enfant qui produit «c'est mon le ballon», etc., est en train d'acquérir l'opération dont la trace est «mon» et l'autre opération (dont la trace est «la» ou «le») n'est pas annulée. L'enfant ne sent pas encore que ces deux opérations sont exclusives. Ses énoncés présentent donc ce qu'on peut appeler une *double-actualisation*[3].

On voit, à l'occasion des possessifs ici, un phénomène que l'on rencontrera à nouveau pour l'acquisition d'autres opérations; c'est la production d'énoncés contenant plusieurs opérations de même nature, normalement exclusives. On a par exemple ce phénomène dans l'Obs. 326 :

```
Obs.326   MI(4,7)/DJA(6,8)   17/3/81:

DJA essaie de faire deviner le nom d'un copain:

Dja - il est dans ton école, c'est ton copain et il
      habite dans notre immeuble. qui est-ce ?
Mi  - ah, je sais qui est-ce.
```

Il n'y a pas eu dé-construction de l'opération question avant insertion dans l'énoncé « je sais... ». S'il y avait eu dé-construction puis reconstruction, on aurait pû trouver : « je sais qui c'est ». Ceci se rencontre aussi fréquemment dans la langue populaire, chez les adultes.

La double-actualisation peut faire produire jusqu'à des « mon ma mère » ou « mon sa mère » bien entendu, où la même opération est marquée deux fois, l'une par reprise figée, l'autre par construction volontaire.

Des « fautes » de ce type-là renseignent avec certitude sur l'appartenance d'opérateurs à une même classe (on en ressent le caractère exclusif; ils sont interchangeables, mais non cumulables). Il est intéressant également d'essayer de repérer le moment où l'enfant perçoit cette exclusivité et ne peut plus prononcer deux actualisations de même classe dans un même énoncé.

4. er / é (infinitif / participe passé)

Il s'agit cette fois-ci de deux traces d'opérations accolées au verbe (ex. : « j'ai mangé une pomme », « il va raconter une histoire »). Ces deux traces sont identiques à l'oral, et c'est l'oral que l'enfant apprend : il lui faut donc différencier deux opérations dont la trace est unique. C'est pourquoi on trouvera des difficultés d'acquisition. Ce qui aide les enfants à différencier ces opérations, c'est l'existence de verbes pour lesquels la réalisation des deux n'est pas unique (ex. : bu - boire). Mais il y a toute une période où l'ensemble des formes (bu, boire, mangé, manger) sont mal distinguées.

On pourra trouver quantité d'emplois chez les plus jeunes (avant trois ans) où il est en fait impossible de déterminer quelle forme verbale est visée par l'enfant. Il semble plutôt qu'il s'agisse alors d'une forme unique pour l'enfant.

Voici une observation de Stéphane (1,7):

> STE (1,7) constate avec étonnement que les autres enfants ont fermé la porte; prend les Ad. à témoin:
>
> Ste - /feme la pot, feme la pot/!
>   [fermé(r) la porte (2 fois)]
>   (crèche) Obs. 566

L'énoncé de Stéphane se limite à cet objet linguistique complexe et l'on sent nettement l'indifférenciation de la forme verbale. Stéphane est cependant déjà capable de faire la différence entre «ferme la porte» et «ferm/e/ la porte». Il y a déjà une première différenciation des formes de ce verbe, mais la nouvelle opération (dont la trace est /e/) pourra encore se différencier.

Voici deux observations sur ce problème. Toutes deux datées de 2/80, elles montrent des usages de «boire» dans des formes différentes mais dont l'utilisation reste encore peu différenciée.

> Obs.98 MI(3,6) 29/2/80:
>
> Mi - j'vais tout bu...
> Ad. (reprend en riant)
>   - tu vas tout bu?
> Mi (en riant)
>   - j'vais boire tout.

La production spontanée de Michaël est calquée sur — est identique à — «j'ai tout bu». Il a cependant déjà conscience de l'opposition bu/boire, car il se reprend.

> Obs.78 MI(3,6) 2/80:
>
> très fréquents:
>
> - vous boire le café?

Cette observation est typique de Michaël à cette époque. Il s'agit nettement d'une forme du verbe non conjuguée, alors qu'elle doit être conjuguée dans ce contexte. Avec «vous», une confusion supplémentaire se produit car la forme verbale «chantez» est encore de même réalisation orale que «chanté» et «chanter», d'où l'assimilation en retour «vous → boire», pendant une période.

A quoi servent l'une et l'autre de ces opérations ? Schématiquement, on peut dire que l'infinitif ne parle que d'une «idée», c'est une abstraction : rien n'a eu lieu, cela ne renvoie pas à l'extra-linguistique. Au contraire, le participe passé a ce caractère fortement concret, «accroché» à l'extra-linguistique.

Que l'on retienne seulement ici que toutes deux servent à construire un sous-énoncé — un objet linguistique complexe — d'une forme ou de l'autre, susceptible ensuite d'être dominé par une nouvelle opération pour créer l'énoncé complet. Selon l'opération finale de cet énoncé (ayant pour trace «va» dans «il va raconter une histoire», ou «ai» dans «j'ai mangé une pomme»), l'une des formes sera jugée nécessaire. Donc l'enfant doit différencier les deux formes dans leurs rôles respectifs dans la structuration des énoncés, dans leur compatibilité avec de nouvelles opérations.

Encore une fois, c'est en prévision de l'opération supérieure («va» ou «ai», par exemple) que le sous-énoncé est agencé. Il y a une hiérarchie qui n'apparaît pas dans l'énoncé final.

Passons maintenant à de nouvelles opérations pour constituer des objets linguistiques complexes. Si l'on reprend la liste des énoncés dominés par «ai» donnés dans l'introduction à ce chapitre (voir p. 95); on a vu le problème de l'article et autres déterminants («j'ai UN manteau»); le problème du participe passé («j'ai achetE un livre»). Voyons maintenant «à», «de» et «que» («j'ai un achat *à* faire», «j'ai l'habitude *de* lire beaucoup», «j'ai des amis *qui* viennent dîner»).

5. à, de, que

Ce sont les traces de trois opérations qui permettent de constituer des objets linguistiques complexes. Dans les trois énoncés cités en exemple ci-dessus, on perçoit le rôle de chacune de ces traces (à, de, ou que) qui est de créer un sous-énoncé cohérent :

- un achat à faire,
- l'habitude de lire beaucoup,
- des amis qui viennent dîner.

Chacun a maintenant sa propre cohérence et, du fait de l'opération choisie («à», «de» ou «que»), il a une signification nouvelle. «Un achat» a une autre signification que «un achat à faire»; «l'habitude» a une autre signification que «l'habitude de lire beaucoup»; «des amis» que «des amis qui viennent dîner». Ces opérations ont permis de créer des significations nouvelles qui ne sont pas seulement une précision de l'objet linguistique de départ («amis», «achat», «habitude») mais un objet linguistique différent.

La grammaire traditionnelle masque totalement l'importance de «à» et «de», en les mettant sur le même plan que d'autres «prépositions». C'est en raisonnant à partir d'exemples comme «je vais à Paris» vs «je viens de Paris», que la grammaire traditionnelle ne permet pas de mettre en valeur l'opération sous-jacente («à» et «de» apparaissent alors seulement comme des prépositions du même ordre que «sur» dans «le pain est sur la table»). D'autres emplois de «à» et «de» sont plus révélateurs de leur rôle :

- «la poupée a (un bras de cassé)»,
- «il y a (un colis à poster)».

Toutes deux sont traces d'une préstructuration du bloc mis entre parenthèses; les objets linguistiques à l'intérieur du bloc ne sont pas indépendants, ils sont soudés et ne peuvent être interprétés les uns sans les autres, comme s'ils étaient juxtaposés dans une énumération.

Chacune de ces deux opérations a un rôle spécifique qui apparaît peut-être le mieux dans l'opposition :

- commencer $\overset{\rightarrow}{\text{à}}$ manger

- finir $\overset{\leftarrow}{\text{de}}$ manger.

Avec «de», ce qui suit est présupposé. «De» est compatible avec des objets linguistiques simples comme «l'habitude», «l'envie»... pour lesquels ce qui suit est déjà connu. C'est parce que «lire» est déjà connu du locuteur qu'il peut maintenant parler de «l'habitude de lire» ou «l'envie de lire»...

Au contraire, «à» pose quelque chose de nouveau. Que l'on compare :

- j'ai des achats à faire,
- j'ai des achats de fait;

pour sentir la différence de statut entre ce qui suit «à» et «de». Avec «j'ai des achats à faire», «faire» est une annonce; au contraire, dans «j'ai des achats de fait», «fait» préexiste à l'énoncé (avec ces deux exemples, on a une illustration de l'opposition participe passé/infinitif à peine esquissée plus haut).

Cette «orientation» différente (symbolisée par les flèches qui surmontent «à» et «de» dans les exemples), explique que «à» se retrouve avec des verbes tels que «commencer», «se mettre à», «aller à»... et «de» avec des substantifs comme «l'habitude de», «l'envie de», ou des verbes comme «finir de», «achever de», «terminer de».

«Que» a le même rôle que «de»; simplement il sert à introduire un sous-énoncé à verbe conjugué: «j'ai (des amis *qui* viennent dîner)»[4].

A propos de l'appropriation des opérations dont les traces sont «à», «de» et «que», signalons que leurs rôles spécifiques sont repérés par l'enfant après qu'il ait repéré ce qu'elles ont en commun. Pendant toute une période en effet, «à», «de» et «que» apparaissent de façon interchangeable dans les énoncés, comme indifférenciées.

Voici quelques énoncés typiques de cette période avec, tout d'abord, une observation où apparaît très tôt une préoccupation spontanée pour «de»:

```
Obs.529   CLA(1,8)   27/4/81:

debout sur une chaise, CLA joue avec l'eau qui coule
du robinet (jeu fréquent et vivement apprécié), elle
monologue:

Cla - /pRã-lɔ/.../pRã-lɔ/.../pRã-də-lɔ/.../pRã-də-lɔ/
.../pRã-lɔ/...

soit: "prend l'eau", "prend de l'eau"
Rien d'extérieur n'obligeait CLA à se reprendre; elle
a prononcé avec beaucoup d'attention, a reproduit deux
fois "prend de l'eau".
```

```
Obs.236   DJA(6,5)   2/12/80:

DJA, à l'école primaire depuis peu, parle d'une "gran-
de" qui l'a attaquée dans la cour. Il y a un accord
entre MI et DJA: si celui qui attaque est trop grand,
on n'y peut rien; s'il n'est pas trop grand, ils
s'aideront pour l'attaquer en retour:

Mi  - quel âge elle a ?
Dja - j'ai pas osé du tout à lui demander son âge.
```

```
Obs.365   DJA(6,9)   10/4/81:

parle d'une amie qui "fait sa crâneuse":

Dja - elle s'occupe de qu'elle, qu'à d'elle (-)
      elle s'occupe...
Ad.  - que d'elle?
Dja  - que d'elle!
```

```
Obs.460   DJA(7,3)   31/10/81:

MI vient de raconter quelque chose d'assez embrouillé:

Dja - je comprends pas très bien de ce qu'il dit.
Ad. - ce qu'il dit

(DJA ignore la remarque de Ad. et en tient compte en
même temps, puisqu'elle corrige):

Dja - et toi, Domi, t'as compris à ce qu'il a dit?
```

NOTES

[1] Cette démonstration a été faite par R. Lafont dans *Le Travail et la Langue* (Flammarion, 1978). Elle était tout à fait convaincante et peut probablement s'étendre à plusieurs autres opérations de la langue (comme ici avec la possession).

[2] Remarquons que la localisation par pronom possessif est un deuxième temps d'une localisation par «avoir»: 1) j'ai un livre, 2) mon livre. Dans certains contextes, la localisation avec «avoir» est nécessaire (elle est l'information portée par l'énoncé); dans d'autres contextes, «mon» suffit.

[3] Plus précisément, il s'agit d'une non-désactualisation avant nouvelle actualisation.

[4] Schématiquement, QUI = QUE + ILS; «j'ai des amis qui viennent dîner» peut être réécrit ainsi: j'ai (des amis que [ils viennent dîner]).

Chapitre II
Les mises en relation
(Construction d'énoncés)

1. Construire un énoncé

Produire un énoncé, c'est mettre en relation les éléments qui le composent, au moyen d'opérations appropriées à produire certaines significations précises.

Prenons un exemple simple: «Clara veut un gâteau». Faisons abstraction de la signification véhiculée par cet énoncé, des personnes, objets ou actions de la réalité extra-linguistique; et examinons seulement les objets linguistiques qui composent cet énoncé. Le locuteur a mis en relation deux objets linguistiques pour produire une signification à l'intention de son interlocuteur; cette mise en relation est le but du locuteur lorsqu'il produit cet énoncé:

(Clara) — (vouloir un gâteau).

Les deux objets linguistiques ont déjà été structurés mentalement en prévision de l'énoncé final qui va les mettre en relation. L'opération de mise en relation apparaît dans une trace dans l'énoncé final: c'est la conjugaison du verbe. Cette marque est double:

Clara VEUT un gâteau.

D'un côté, elle ancre la mise en relation dans le TEMPS (chronologique ET linguistique, on le verra plus loin) et on a ainsi des verbes au présent, futur, passé simple, etc... De l'autre, elle concrétise l'accord du verbe avec le sujet grammatical de l'énoncé et fonde ainsi l'unité de l'énoncé :

VEUT : - 3ᵉ personne (en accord avec «Clara»)
- présent de l'indicatif.

Pour mettre en évidence l'architecture interne de cet énoncé, on peut avoir recours au schéma suivant :

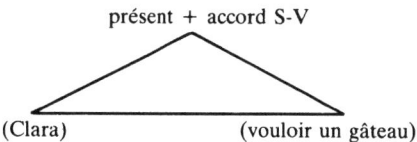

La dernière opération — et en même temps celle qui impose toute sa forme aux objets linguistiques de l'énoncé — est celle qui apparaît à la pointe supérieure du triangle : elle domine l'énoncé.

2. «Clara gâteau»

Avant de maîtriser cette opération de mise en relation, l'enfant parvient à produire des énoncés selon une stratégie : la juxtaposition d'objets linguistiques.

Comme on l'a vu p. 92, l'enfant repère très tôt cette deuxième donnée fondamentale du langage (la première citée alors étant la faculté d'associer un objet du réel à un objet linguistique : fonction symbolique du langage) : les êtres parlants recherchent automatiquement une signification supplémentaire aux deux significations déconnectées lorsqu'ils sont en présence de deux objets linguistiques. Ils «reconstruisent» la signification malgré le manque d'éléments dans l'énoncé, en s'aidant, particulièrement, du contexte.

Ceci est la source de toute complexification de la grammaire. Lorsqu'une nouvelle forme grammaticale (trace d'une nouvelle opération) apparaît, on recherche à priori ce que cela peut bien vouloir dire : cette attitude permet un développement de la grammaire.

Cette capacité fondamentale des êtres parlants à rechercher une signification supplémentaire apparaît même en dehors de l'utilisation de deux objets linguistiques. Lorsqu'un bébé dit «tato» (pour «gâteau»), l'adulte recherche une signification qui associe celui qui a prononcé le mot et le mot lui-même, et reconstruit quelque chose de l'ordre de «je veux un gâteau». Le geste de désigner un objet désiré suffit même pour que le témoin, «l'interlocuteur», comprenne ; c'est-à-dire reconstruise la signification recherchée par celui qui désigne.

Le proverbe chinois « lorsque le poète désigne la lune, l'imbécile regarde le doigt » est à cet égard significatif : celui qui est incapable de dépasser le signe d'indication et ne peut rechercher une signification qui le dépasse, qui l'implique dans son contexte (associant celui qui désigne et ce qu'il désigne et percevant une relation entre les deux), est un imbécile.

C'est grâce à cette capacité de l'entourage de l'enfant de comprendre plus que ce qui est explicitement dit, que le jeune enfant peut produire des énoncés comme celui de l'Obs. 527-B : « Clara gâteau », en étant assuré d'être compris.

Tout ce qui manque dans cet énoncé est reconstruit par l'entourage. Cette stratégie dépasse le seul enfant; c'est plutôt un trait fondamental du langage. Il suffit pour s'en convaincre d'écouter un discours argumenté entre adultes. Bien souvent, un des interlocuteurs donne des bribes d'idées et attend que l'autre imagine tout ce qu'il peut vouloir dire.

La nécessité de conjugaison du verbe (de marquer la mise en relation des éléments) n'est pas non plus perçue par Michaël, dans l'observation suivante :

Obs.78　MI(3,6)　2/80 :

très fréquents :

- *vous boire le café* ?

---

3. La morphologie du verbe

L'ensemble des opérations portées par la terminaison du verbe (temps chronologique, temps linguistique, et marque de l'accord sujet-verbe) constitue un nombre impressionnant de marques différentes. La morphologie du verbe français est en effet très riche : mange, manger, mangeait, mangerons... Cependant, la grammaire traditionnelle a inutilement rendu opaque le système verbal en abusant d'une terminologie incohérente qui masque le système au lieu de le mettre en évidence.

Pour créer lui-même des énoncés originaux, l'enfant doit repérer l'opération de mise en relation ET il doit également repérer le rôle de chacune des traces portées par le verbe : les marques du présent, du passé simple, du futur, etc... puis pour chacune, celles qui signalent une première personne, deuxième personne, etc...

Si l'enfant peut construire un système à partir de cet ensemble qui semble si multiple et incohérent, c'est qu'il y a système justement, avec un nombre limité d'opérations au rôle défini, qui se combinent entre elles de façon cohérente.

A. «moi, je vas à l'école»: (accord sujet-verbe)

Il faut donc pour que les deux objets linguistiques de l'énoncé soient reliés, que le verbe marque un accord, «en genre et en nombre» dirait la grammaire traditionnelle, avec le sujet. Ceci n'est pas encore repéré dans l'énoncé suivant:

```
dialogue entre NIC (4,1) et sa maman:
Ad. - et où tu vas maintenant?
Nic - je "vas" à l'école.
                                              Obs. 568
```

De même, dans l'Obs. 567 (sur laquelle on reviendra à propos de «être» et «avoir»):

```
dialogue entre JER (2,2) et sa maman:
Jer - tu suis maman, toi, tu suis maman
Ad. - et oui, je suis maman et toi, qui es-tu?
Jer - moi, j' /e/ Jérôme
                              (crèche) Obs. 567
```

et encore l'Obs. 103 où, de plus, le pronom est encore indifférencié du point de vue «genre» («il» représente Djamilia) et où «m'a perdu» forme un bloc dans chaque énoncé, non relié au reste par une opération marquée:

```
Obs.103   MI(3,7)   3/80:

DJA a bousculé MI lors d'un jeu et l'a donc "fait per-
dre"; MI se tourne (1) vers moi, en colère, puis (2)
vers DJA:

- (1) il m'a perdu... (2) t'es fou de m'a perdu!

"m'a perdu" forme bloc, repris tel que dans la deuxiè-
me partie de l'énoncé.
```

B. «j'avais peur»: *(système des temps)*

Pour créer des énoncés, il faut également que l'enfant repère le rôle de chaque «temps grammatical». A nouveau, les modèles de la grammaire traditionnelle rendent particulièrement opaque le fonctionnement du système verbal. Les dénominations sont incohérentes: comme cité p. 81, d'un côté on parle de «passé simple» opposé au «passé composé» (ces deux dénominations renvoyant à la forme: verbe seul vs verbe + auxiliaire), de l'autre, on parle de «passé antérieur» qui, lui, renvoie, à la chronologie (quelque chose qui s'est passé avant, «antérieurement», à autre chose). Le manque de cohérence dans le choix des dénominations données à chaque forme verbale n'aide pas à comprendre. On ne peut que souhaiter qu'un jour, des noms présentant une cohérence entre eux (renvoyant seulement à la forme, ou à une autre référence unique) soient adoptés.

Le verbe est le pivot de l'énoncé; la marque qu'il porte ne concerne pas que lui, mais tout le groupe auquel il appartient et qu'il sert à organiser.

Ainsi on écartera du système des «temps», le participe passé qui apparaît dans les temps composés de la grammaire traditionnelle (passé composé, passé antérieur, plus-que-parfait, futur antérieur). On a vu précédemment qu'il est la marque d'une préstructuration d'un objet linguistique complexe. Il reste alors seulement des temps simples de «être» ou «avoir» qui, bien qu'ils soient des verbes un peu spéciaux (voir paragraphe à part plus loin), sont des verbes porteurs des marques «temporelles» comme les autres.

G. Guillaume proposait déjà une telle simplification des huit temps de l'indicatif[1] de la grammaire traditionnelle:

présent:	il chante	il a (fumé sa dernière cigarette)	
		il est (tombé de la dernière pluie)	
passé simple:	il chanta	il eut (fumé...)	il fut (tombé)
imparfait:	il chantait	il avait (fumé...)	il était (tombé...)
futur:	il chantera	il aura (fumé...)	il sera (tombé...)

Ainsi, apparaissent quatre «temps» principaux, dont les valeurs sont également prises en charge par «être» et «avoir» dans les énoncés où ceux-ci sont nécessaires. Pour comprendre la valeur d'un passé composé par exemple, il faut d'un côté, voir ce que la présence de «avoir» apporte à l'énoncé, et de l'autre, analyser ce qu'un présent apporte. De même, un plus-que-parfait n'est jamais qu'un imparfait d'un verbe particulier («être» ou «avoir») et son rôle dans l'énoncé peut être compris par comparaison à ce qu'apporte un imparfait à n'importe quel énoncé.

Dans ce système verbal, le *présent* est la marque minimale. C'est-à-dire celle qui modifie le moins, qui «marque» le moins, le verbe et lui garde en conséquence une valeur très générale. Celui qui entend un énoncé contenant un présent lui attribue une valeur très générale (totalité du sémantisme du verbe) ou, si le contexte le permet, lui trouvera une valeur totalement ancrée dans le moment où se produit le discours (présent chronologique). Par exemple, l'énoncé «l'huile flotte sur l'eau» peut être immédiatement raccroché au contexte que partagent les deux interlocuteurs (s'ils mènent une expérience par exemple) ou bien, si rien ne force l'interlocuteur à ancrer l'interprétation dans le contexte, il lui sera attribuée une valeur générale; en l'occurence, la formulation d'une propriété de l'huile.

Par opposition au présent, les deux temps dits du passé (*passé simple* et *imparfait*) signalent une opération supplémentaire. Dans les deux cas, le locuteur situe sa mise en relation des éléments constitutifs de l'énoncé en décalage par rapport au présent, par rapport à la marque minimale. Ce décalage est soit chronologique — avec le passé simple, le locuteur renvoie à un passé extra-linguistique —; soit linguistique — avec l'imparfait, il marque une distance prise par rapport à l'extra-linguistique —. Avec l'imparfait, on se situe dans le domaine des hypothèses, des argumentations, des explications, des justifications. H. Adamczewski, qui a mis cette opposition en évidence à partir de l'anglais[2], a utilisé la métaphore:

- passé simple: le faire,
- imparfait: le dire,

qui rend explicites les deux niveaux différents de distance prise par rapport à la réalité des événements extra-linguistiques.

La valeur de l'imparfait n'a rien à voir avec du «duratif» qui deviendrait «ponctuel» quand on n'arrive plus à justifier le qualificatif «duratif»...

Voici trois observations qui éclairent le rôle de l'imparfait en tant que marque du «dire», des «explications», «justifications»...

```
Obs.378   MI(4,8)   18/4/81:

nous sortons d'un spectacle; lorsque nous y sommes
rentrés, il faisait beau; maintenant, le sol est
mouillé; MI en conclue tout bas, pour lui-même:
```

> Mi - il pleuvait.
>
> (FO: "il a plu" est du même ordre)

En français oral, on pourrait trouver plutôt «Tiens! il a plu!». On ne trouverait pas en tous cas, un passé simple — ce que Michaël a repéré — car il ne s'agit pas de rapporter sans distance un événement, mais de justifier le fait que la chaussée est mouillée.

> Obs.314   SAB(6,4)   12/3/81:
>
> SABrina est venue jouer avec DJA. MI lui a montré un petit personnage qu'il vient d'avoir (stroumpfette)
> 1-*regarde c'que j'ai acheté hier...*
> (fouille ses poches, lève les yeux au ciel)
> 2-*j'les ai laissés à la maison!*
> 3-*j'avais acheté une stroumpfette comme Michaël et un stroumpf.*

L'énoncé 3 ne *décrit* pas un événement, un passé chronologique; il vient en justification de 1.

> Obs.6   FEL(4,2)   9/78:
>
> Ad. - *regardez, ça se casse en petites boules, cette boîte; c'est du polystyrène.*
> Fél(vers l'adulte)
> - *ouais, ben moi, ma maman, elle a horreur du polystyrène.*
> Dja(vers Fél)
> - *qu'est-ce t'as dit à ma maman?*
> Fél - *j'ai dit que ma maman avait horreur du polystyrène.*

L'opposition «faire» / «dire» apparaît ici clairement dans l'opposition entre le premier énoncé de Félicie (qui énonce une propriété générale de «ma maman») et son deuxième énoncé qui «parle» du premier énoncé («j'ai dit...»). Je précise que les autres enfants du groupe auquel appartient Félicie, et Félicie elle-même quelques mois plus tôt, auraient dit en reprise: «j'ai dit que ma maman *a* horreur du polystyrène», c'est-à-dire qu'ils n'auraient pas déstructuré l'énoncé 1 avant de le faire dominer par «j'ai dit» dans la reprise.

Le passé simple est typiquement le «temps» de l'histoire qu'il rend plus vivante qu'un imparfait ou un présent (même sous la forme «passé composé») — parce qu'il donne aux faits relatés par l'histoire l'apparence de faits extra-linguistiques qui ont eu lieu en réalité, qui se déroulent quasiment sous nos yeux, en différé dans le temps. Mais pour introduire l'histoire, pour signaler que l'on va raconter quelque chose d'inventé — une «hypothèse», un «imaginons que» — c'est l'imparfait qui sera utilisé, avec même la formule consacrée, dans les contes: «Il était une fois». Les premières phrases de l'histoire seront donc à l'imparfait, le temps de dresser le tableau dans lesquels les événements, que l'on va ensuite s'efforcer de faire passer pour ayant eu lieu réellement, viendront ensuite, racontés au passé simple.

Voici pour illustration un récit pour enfants de Victor G. Ambrus paru chez Flammarion, traduit de l'anglais (mais cela n'enlève rien au caractère démonstratif, les temps sont tout à fait ceux qu'un texte écrit en français directement aurait montrés): *Les Trois Pauvres Tailleurs.*

«Voici l'histoire de trois pauvres tailleurs,

(la première phrase — ici au «présent» — aurait pu être «Il était une fois trois pauvres tailleurs...», qui a le même effet mais reste explicite. C'est le caractère même de l'imparfait dans cette formule qui signifie «voici l'histoire de...»)

qui passaient leurs journées à coudre des vestes
et des manteaux pour les habitants de la ville voisine.
Ils étaient toujours tellement occupés
qu'aucun d'entre eux ne s'était jamais aventuré
jusqu'à la ville.»

(jusqu'ici, on dresse le tableau. Viennent ensuite les «événements» au passé simple, qui sont la trame du récit; entrecoupés d'«imparfaits» au rôle explicatif évident:)

«Ils *décidèrent* pourtant un jour de s'y rendre;
mais ils ne possédaient rien de mieux qu'une chèvre
pour les transporter — tous les trois.

En chemin, ils *rencontrèrent* un soldat
qui n'avait jamais vu un spectacle pareil:
trois pauvres tailleurs montés sur une même chèvre!

Les tailleurs *prirent* plaisir à visiter la ville.
Les maisons en hauteur, peintes de couleurs vives,
étaient beaucoup plus élégantes que leur propre chaumière.

Le soleil était chaud;
les tailleurs ayant de plus en plus soif,
décidèrent de se rendre à l'auberge
pour se reposer et manger.

LES MISES EN RELATION 113

>Ils s'y *amusèrent* follement,
>dansant au son de la musique,
>mais...
>quand ils *eurent* terminé,
>ils n'avaient pas d'argent pour payer.
>L'aubergiste se *mit* en colère
>et les tailleurs *coururent* à la fenêtre
>et *sautèrent* sur le dos de leur bique.
>L'aubergiste *fit* appel à la garde
>qui *poursuivit* les tailleurs à travers la ville.
>La pauvre bique en *perdit* l'esprit de frayeur !
>Elle *traversa* la place du marché à fond de train,
>renversant les étalages, brisant la vaisselle,
>dispersant la volaille.
>Mais les chèvres ne courent pas très vite et les gardes
>*eurent* tôt fait de rattraper les trois pauvres tailleurs
>et de les mettre en prison, aux fers.
>Jusqu'à ce qu'ils aient remboursé les dégâts.
>Les tailleurs *durent* raccomoder tous les vieux
>vêtements des habitants.
>Les trois pauvres tailleurs *retournèrent* enfin
>à leur chaumière ; »

(fin des événements de l'épisode ; morale à caractère général :)

>« ils y cousent toujours des vestes
>et des manteaux pour les citadins. Ils font des
>économies, afin de pouvoir acheter un bouc.
>Un bouc, c'est beaucoup plus rapide qu'une chèvre ! »

Dans le rapport des « événements » donnés pour ayant eu réellement lieu, les énoncés qui « font avancer » l'histoire sont ceux au passé simple (soulignés dans le texte) ; quelques présents dont la valeur générale apparaît assez bien ; et quelques imparfaits dont la valeur explicative, en décalage avec le simple rapport de faits, apparaît également clairement.

Les deux observations suivantes montrent que le caractère explicatif, argumentatif, est perçu par l'enfant, donc l'emploi de l'imparfait est plausible ; mais dans les deux cas en français oral, on pourrait trouver pour le même contexte une autre forme verbale.

```
Obs.516    A(environ 4 ans)   (2/5/81):

entendu dans la rue, en croisant un groupe où un
enfant, âgé d'environ 4 ans, a dit brutalement:

- oh...c'est par là qu'on allait pour le jardin des
plantes!
```

Dans un autre contexte, par exemple en allant effectivement à nouveau au jardin des plantes, l'enfant pourrait dire «c'est par là qu'on va au jardin...». Ici, il s'agit du MEME chemin, mais il n'est pas question d'y aller ou de ne pas y aller, ni même de parler d'une fois où l'on est allé par ce chemin. L'enfant a perçu ici le caractère de distance par rapport à la marque minimale.

```
Obs.170   MI(3,7)   22/3/80:

MI est dans le bain, on lui rajoute de l'eau (tiède ,
pas trop chaude), surpris, il s'écarte, l'air d'avoir
été brûlé, aussitôt, ayant senti que sa réaction était
éxagérée (aux yeux de tout le monde comme aux siens)
il se justifie:

- j'avais peur
```

De même que dans l'observation précédente, il s'agit ici de l'explication de son attitude par Michaël, non de rapporter simplement une quelconque expérience. Il ne dit pas «j'avais peur» simplement pour que l'on sache ce qui s'est passé, mais pour que l'on *comprenne* son attitude; il explique, il tente de justifier le fait saugrenu qu'il se soit écarté brutalement bien que l'eau n'ait pas été particulièrement chaude.

Eventuellement, pour la première observation, on pourrait trouver un présent qui véhicule bien le caractère de généralité de ce que remarque l'enfant (c'est par là qu'on *va*...) ou bien encore, «c'est par là *pour aller*...», où l'on ne recourt même plus à une forme conjuguée mais où l'on garde avec l'infinitif, ce qu'il y a de plus abstrait, l'idée seulement «d'aller au jardin...». Cependant, l'imparfait est plausible.

Pour ce qui concerne la deuxième observation («j'avais peur»), l'imparfait est tout à fait justifié mais on aurait pû également trouver «j'ai eu peur» dans le même contexte. L'imparfait rend le mieux compte du caractère justificatif de l'énoncé de Michaël, alors que «j'ai eu peur» aurait seulement décrit son attitude, aurait décrit «je».

C. *«si je serais un vampire...»*: *(imparfait et conditionnel)*

Voyons maintenant une série d'observations montrant une évolution dans la valeur attribuée à l'imparfait et au conditionnel par Djamilia, puis Michaël, pendant une assez longue période.

Le conditionnel est une marque double: R + AIT.

Il contient un imparfait (symbolisé par AIT) et un «R» que l'on peut qualifier de porteur de l'irréel. C'est le même R que l'on trouve dans le futur (qui est une marque double également R + présent), ou dans l'infinitif. On retrouve donc dans le conditionnel la valeur de l'imparfait (le «dire») et autre chose (un caractère hypothétique).

Voici une évolution intéressante de Djamilia, puis Michaël, dans l'usage du conditionnel et de l'imparfait, faisant apparaître le lien entre les deux.

Djamilia, à (6,6), a commencé la longue période des «si je serais...» où un conditionnel suit «abusivement» l'opérateur «si». Cette construction est caractéristique de beaucoup d'enfants français.

Dans l'énoncé :

«SI j'étais malade, je m'ennuierais»

- SI + IMPARFAIT,   CONDITIONNEL -

la proposition introduite par «si» doit contenir, cela semble naturel, un verbe du «dire» (hypothèse, explication...), mais n'a pas besoin de marquer l'irréalité, celle-ci étant prise en charge par «si». La seconde proposition, par contre, également dans l'irréel (en pleine supposition) mais non directement gouvernée par «si», doit comporter dans son verbe la marque de l'irréalité en sus de l'imparfait (R + ait).

Notons qu'il peut y avoir influence dans ce type d'énoncés, de deux constructions relativement voisines :

- quand tu seras grand, tu seras docteur
(les deux propositions contiennent le même temps grammatical; ce qui, en retour, peut faire des :
si tu serais grand, tu serais docteur)

- on dirait que tu serais un docteur et...
(proposition qui introduit typiquement les jeux de simulacre enfantins, si fréquents; et qui peut être reprise abusivement en : si tu serais un docteur...)

Donc, Djamilia, comme beaucoup d'enfants français, utilise fréquemment la structure: «si je serais..., je ferais...» dont la formation s'explique en partie par la contamination des deux structures citées ci-dessus.

A (6,6), ce type de construction choque et, tant à l'école qu'à la maison, Djamilia est fréquemment «reprise» par les adultes qui lui opposent systématiquement un IMPARFAIT après «si». Elle ne se corrige alors nullement, montrant clairement que sa propre formulation est celle qui lui semble grammaticale. Il y a résistance de sa grammaire interne, qui n'est pas celle des adultes qui la corrigent.

Donc, dans les jeux très fréquents avec Michaël, Djamilia utilise «si + conditionnel», alors qu'au départ, Michaël utilise «si + imparfait». Cependant, au bout d'un certain temps, Michaël s'est mis également à utiliser cette formation; en voici un exemple typique:

Obs.245 MI(4,4) 26/12/80:

– *si tu n'aurais plus d'cheveux, ça serait amer.*

De la même façon que Michaël a probablement été influencé par sa sœur (les conditionnels abondent dans leurs jeux communs), Djamilia, lorsqu'elle a commencé à utiliser cette formation, a dû être confortée par les énoncés d'enfants plus grands.

Quelques mois plus tard, il n'y a pas d'évolution importante, cependant les «corrections» par l'entourage ou l'école, bien que toujours non intégrées par Djamilia, attirent de plus en plus son attention sur ces énoncés. Voici à cette époque un énoncé intéressant où elle justifie la structure choisie:

Obs.428 DJA(6,10) 25/5/81:

Dja – *si j'serais un vampire...*
Ad. – *si j'j'étais!*
Dja – *oh! c'est pas grave! si j'faisais croire que j'étais un vampire, quoi...je mettrais la tétine rouge en dent (*), ça ferait peur!*

(*)"en dent" = "sur ma dent"

Le conditionnel, c'est-à-dire le «R» en plus de l'imparfait normalement attendu, est justifié par «si j'faisais croire...», magnifique énoncé métalinguistique.

A force d'entendre opposer un imparfait à chacun de ses conditionnels, Djamilia s'est mise à remplacer les conditionnels par des imparfaits, même dans des formulations où le conditionnel reste la forme attendue en français oral; particulièrement dans la formule consacrée «on dirait que...». Voici l'énoncé-pivot dans cette évolution de Djamilia:

> Obs.439   DJA(6,11)   14/6/81:
>
> DJA dit systématiquement "si je serais...", et a été corrigée plusieurs fois; elle n'a pas accepté les corrections, sait cependant que les énoncés contenant "si je serais" sont mal acceptés.
> Une banderole accrochée en travers d'une rue est remuée par le vent, (essai timide):
>
> – *oh, t'as vu, l'affiche là (-) on disait qu'elle saute, hop, hop, hop.*
>
> "si je serais" est corrigé avec des "si j'étais"; DJA en retour, corrige "on dirait" par "on disait".

A partir de cet énoncé (qui en est la première manifestation), l'imparfait a remplacé le conditionnel, non seulement dans les propositions introduites par «si», mais également dans les formules du type: «tu serais, tu ferais...» très utilisées dans leurs jeux. Un jeu peut maintenant être commencé par cette forme: «on était des princesses et on avait des chevaux tout décorés...». Environ six mois plus tard, Michaël à nouveau reprend à Djamilia ces constructions et substitue des imparfaits aux conditionnels. Pour tous les deux (ceci est encore valable en 1/84 où je constate que bon nombre de leurs petits amis procèdent de même), l'imparfait a remplacé le conditionnel, il a pris l'irréel en charge; ou plutôt, le «dire» (imparfait) suffit dorénavant à donner un caractère hypothétique à leurs énoncés. Le conditionnel apparaît cependant encore, dans certaines formulations, dont voici une caractéristique (11/81, DJA): «*j'aimerais bien qu'y aurait plein d'coussins partout, j'pourrais bien m'reposer*», qui n'est pas une proposition de jeu.

D. «*je peuve?*»: *(subjonctif)*

Pour terminer ce chapitre sur les marques verbales, je voudrais parler rapidement du subjonctif. Le subjonctif est réputé «difficile». En fait, on en rencontre très tôt dans les énoncés enfantins. Cependant l'enfant apprenant le français oral, il s'agit bien entendu de présent quasiment exclusivement (seul subjonctif de l'oral).

On peut dire schématiquement que le subjonctif a le même rôle que l'infinitif, et s'emploie dans des constructions conjuguées où celui-ci est exclu. Tous deux dé-actualisent, «essentialisent», ne gardent du sémantisme du verbe que l'«idée» qu'il contient.

Les énoncés où le subjonctif apparaît le plus assuré chez les enfants très jeunes sont ceux qui reprennent en fait des formes utilisées très fréquemment devant eux («je veux que tu viennes, que tu fasses, que tu sois, qu'on puisse...»). La majorité des verbes français (auparavant dits «du premier groupe») n'ont pas de marque particulière au subjonctif présent de la plupart des personnes (exception intéressante d'ailleurs: «nous» et «vous» où la forme verbale est la même qu'à l'imparfait: que je mange /mãʒ/, que tu manges /mãʒ/, qu'il mange /mãʒ/, qu'ils mangent /mãʒ/; mais que nous mangions /mãʒjõ/, que vous mangiez /mãʒje/.

Quelques verbes irréguliers (par rapport à ce schéma qui est typique de la majorité des verbes français, au point qu'il sert de modèle à tout nouveau verbe ajouté au lexique) ont un subjonctif «difficile». Cependant, certains sont très fréquemment utilisés avec les enfants même jeunes et ceux-ci les reprennent facilement («vienne, finisse, prenne... sois, puisse, fasse...»).

On rencontre donc très tôt des subjonctifs chez les enfants, mais on peut supposer que dans beaucoup de cas, pendant plusieurs années, il s'agit de formes «reprises» et non volontairement construites. A l'opposé, voici un énoncé montrant une construction «erronée», c'est-à-dire que Bruno a essayé de construire un subjonctif et de lui attribuer une valeur:

```
Obs.65  BRU(3,1)  1/80:

Bruno est un ami de MI; il reste parfois coucher à la
maison (Ad1=moi; Ad2=Véra, la mère de Bruno). BRU
demande à rester coucher ; comme je réponds oui tout
de suite, l'attitude de Ad2 est modifiée ( l'accord
est obtenu, le reste n'est que politesse - il n'y a
donc pas de tension -)

Bru - je veux dormir chez toi!
Ad1 - moi, je veux bien
Ad2 - on dit pas comme ça. tu dis: je peux dormir
      chez toi, s'il te plaît? (inton. éxagérée)
Bru - je peux?

les adultes rient:

Ad2 - ça, c'est "peux", et "s'il te plaît" en même
      temps ?
Bru - je peuve...

ce dernier énoncé est un essai timide auquel personne
ne prête attention; la conversation continue sur au-
tre chose.
```

L'effet de sens donné par Bruno à ce subjonctif est intéressant:

peux + s'il te plaît.

La deuxième racine de «pouvoir» peut prendre en charge un tel effet de sens: «puis-je..?».

La formation «peuve» procède à partir de la forme minimale en lui ajoutant /v/, probablement inféré de l'infinitif (pouVoir). Ce subjonctif apparaît chez des enfants plus grands (ex.: DJA, en 2/82, à (7,7): «...*ça veut dire que nous, on peuve aller*»).

On se reportera également aux observations 26, 105, 383, 386.

4. Deux verbes particuliers, être et avoir

A. rôles

ETRE et AVOIR sont deux pivots d'énoncés particuliers. Leur premier rôle est commun: mettre en relation les deux éléments constitutifs des énoncés, et porter la marque temporelle qui ancre ces énoncés dans le discours. Ils servent de support à l'opération de mise en relation qui est nécessaire en français (rappelons que dans certaines langues, on peut juxtaposer par exemple «Anne» et «docteur», sans verbe «être», donc sans trace de la mise en relation). En français, celle-ci est obligatoire. Cependant, par opposition aux autres verbes qui apportent une signification supplémentaire à l'énoncé (du fait de leur sémantisme propre), ETRE et AVOIR «s'effacent» devant le reste de l'énoncé; ils l'agencent sans ajouter de signification. Particulièrement au présent, ETRE et AVOIR en sont réduits à l'état de simples traces d'opération, leur racine ayant disparu (chaque forme est totalement différente des autres: «suis», «es», «sommes»... «ai», «as», «ont»...).

ETRE est nécessaire pour créer l'énoncé français:

«Anne est docteur»;

de même, AVOIR permet de créer:

«Pierre a 40 ans».

Ils ont un rôle complémentaire. Dans l'énoncé agencé par ETRE, on parle de ce qui suit le verbe; dans l'énoncé en AVOIR, on parle du sujet grammatical. La différence, symbolisée par le sens de la flèche dans les exemples:

Anne est docteur, (→)

Pierre a 40 ans; (←)

n'apparaît pas aisément dans ces énoncés minimaux sans contexte. Pour mieux s'en faire une idée cependant, on peut penser à la possession que peut prendre en charge AVOIR parfois et voir dans les énoncés avec AVOIR, l'attribution, la localisation, d'une qualité (ici, 40 ans) dans le sujet grammatical «Pierre».

En français, chacun de ces deux verbes s'est spécialisé d'une certaine façon pour servir de support à certaines informations, alors que dans d'autres langues, on peut trouver l'inverse. Par exemple, le français «j'ai faim» (AVOIR) donnera «I am hungry» (ETRE) en anglais. Il s'agit d'une spécialisation du rôle de chacun dans certains contextes, qui n'a rien d'obligatoire ni de plus ou moins motivé par la «nature» de ETRE ou AVOIR.

ETRE et AVOIR ont permis de créer deux opérateurs «d'existence»: «c'est» et «il y a». Pour chacun, le pivot de l'énoncé est ETRE ou AVOIR, et le sujet grammatical est vide («ce» et «il»). Il s'agit à partir de ETRE et de AVOIR, et à l'aide d'un sujet vide, «fictif» en quelque sorte (parce qu'un sujet et un verbe sont nécessaires à un énoncé français), de permettre de parler d'un objet linguistique qui n'a pas besoin d'être mis en relation avec un sujet précis.

Voici quelques exemples:

«allez, c'est l'heure de partir!»,
«c'est nouveau, ça!»,
«il y a des articles intéressants dans ce magasin»,
«il y a une heure qu'il est parti»...

Il n'est pas étonnant, si l'on se reporte à ce qui différencie l'un et l'autre verbes (avec ETRE, on «parle» de ce qui suit; avec AVOIR, on «parle» du sujet), de trouver comme sujet vide, avec ETRE: «ce», qui est le plus proche du signe de l'indication. Il n'est pas étonnant non plus de trouver «y» dans «il y a», élément caractéristique d'une localisation.

B. problème d'appropriation; «moi, j'/e/ Jérôme»

En français, l'appropriation de ETRE et AVOIR dans leurs rôles respectifs, est compliquée par l'homophonie de certaines formes: «ai» (première personne de AVOIR), «es» (deuxième personne de ETRE) et «est» (troisième personne de ETRE) (en oral parisien tout au moins).

La réalisation des trois formes est /e/ comme dans «dé», et dans d'autres variantes du français /ɛ/, comme dans «geai», qui reste très proche de /e/.

D'autre part, les très jeunes enfants ne maîtrisent pas l'accord sujet - verbe et réutilisent sans les reconstruire des formes verbales entendues présentant un accord qui ne convient plus dans le nouvel énoncé. Voici par exemple l'Obs. 567 :

---
dialogue entre JER (2,2) et sa maman:
Jer - *tu suis maman, toi, tu suis maman*
Ad. - *et oui, je suis maman et toi, qui es-tu?*
Jer - *moi, j' /e/ Jérôme*

(crèche) Obs. 567

Dans cet énoncé, et ceux qui lui ressemblent, «j' /e/» pourra être interprété comme «j'ai» par l'adulte, parce que c'est une forme verbale avec accord correct pour le contexte (même si l'on attend «je suis») alors qu'il s'agit plus vraisemblablement d'un «j'es», réutilisant la forme entendue dans l'énoncé adulte (question : «et toi, qui es-tu?»).

Les deux difficultés (homophonie de certaines formes et hésitation dans l'accord S-V) se superposent à l'appropriation des rôles respectifs de ETRE et AVOIR et en compliquent la compréhension.

Voici quelques observations sur une assez longue période, montrant une évolution dans l'utilisation de ETRE et AVOIR par Michaël :

Obs.45 MI(3,4) 12/79 :

Mi - *toi, t'es pas belle*
Dja - *t'es pas belle toi, comme tu m'as dit!*
Mi - *si, moi, j' /e/ belle!*

Obs.46 MI(3,4) 12/79 :

désignant un enfant à peine plus jeune que lui:

- *i suis un bébé lui*

Obs.111 MI(3,7) 4/3/80 :

très fréquent:

- *vous+a fini, vous ?*
- *vous+a pas fini, vous ?*

> Obs.173 MI(3,7) 22/3/80:
>
> sans contexte avant; MI distribue des rôles (début de jeu qu'il initie ainsi)
>
> — *moi, j'/e/ la marionnette, toi, tu /e/ la marionnette et Djamilia, i suis la marionnette et tout le monde i suis la marionnette.*

> Obs.181 MI(3,7) 25/3/80:
>
> — *toi, tu suis Mowgli et moi, je suis le Dragon Bleu.. non, toi, tu suis pas Mowgli, tu suis Baghéra.*

Dans ces exemples, on voit l'hésitation entre les formes et des accords peu sûrs (tu + suis, je + /e/ indéterminé, vous + a...). Dans la prochaine, il est possible d'attribuer une référence à /e/ parce qu'il est repris par ETRE:

> Obs.213 MI(4,1) 9/80:
>
> à table, MI termine un plat mais il en reste encore un avant de terminer le repas:
>
> Mi — *j'/e/ fini*
> Ad. — *y'en reste un!*
> Mi — *après l'omelette, j'vais être fini.*

Un accord particulier je + a, dans l'Obs. 286:

> Obs.286 MI(4,6) 20/2/81:
>
> MI met sa serviette sur la tête, fait une grimace et menace avec les doigts "crochus":
>
> Mi — *est-ce que j'/a/ l'air terrible ?*
> Ad. — *ouh la la, oui, que tu as l'air terrible !*

Dans l'observation suivante, Michaël s'auto-corrige:

> Obs.358 MI(4,8) 6/4/81:
>
> Ad. — *te fais pas mal!*
> Mi — *j'/e/ pas (–) j'suis pas fait mal.*

Et dans l'Obs. 373, si l'on met de côté le problème connexe du réflexif absent, il reste une attribution qui semble correcte : elle + est et je + suis :

```
Obs.373   MI(4,8)   16/4/81 :
Mi  - elle, elle s'est regalée, ma soeur.
Ad. - et toi ?
Mi  - moi, j+suis regalé aussi.   (/ʃɑi/)
```

Enfin, une dernière observation, de Djamilia, à (6,1), avec l'objet linguistique très délicat « mourir », qui n'apparaît en français qu'avec ETRE. Il s'agit d'un « manque » d'une certaine façon et Djamilia construit la forme « elle a mouru » qui est très plausible et pourrait être bien utile dans certains contextes (pour ancrer la relation dans la chronologie notamment) :

```
Obs.437   DJA(6,11)   13/6/81 :

Dja - non, elle a pas été tuée, elle a vieilli et
      puis elle a mouru.
Ad. - elle est morte !
Dja - elle a été morte !
```

On se rappelle les hésitations de Félicie (chanson-histoire inventée, texte p. 59) avec « elle moura, elle en meura, elle était devenue toute morte ».

NOTES

[1] Qu'il analysait comme deux « aspects » (immanent et transcendant), dans l'article « Thèmes de présent et système des temps français » de 1937, in Guillaume, G. : *Langage et Sciences du langage*.

[2] H. Adamczewski
- BE + ING *dans la grammaire de l'anglais contemporain*. Presses Universitaires de Lille — 1976.
- *Grammaire Linguistique de l'Anglais*, A. Colin, 1982 — plus accessible en librairie et dont de nombreuses analyses sont démontrées avec des exemples français.

Chapitre III
Les opérations sur les mises en relation

Une fois les objets linguistiques mis en relation selon les opérations vues dans le chapitre II, de nouvelles opérations sont possibles. Les nouvelles opérations que nous allons voir dans ce chapitre portent précisémment sur la mise en relation.

1. Limitation de la mise en relation

Il s'agit tout d'abord des opérations qui limitent la validité de la mise en relation, qui «précisent» la durée pendant laquelle la relation établie par l'énoncé est valable, le domaine dans lequel elle est valable.

Prenons l'énoncé «Pierre est absent aujourd'hui». «Aujourd'hui» porte sur l'énoncé entier, ou plus précisémment sur la relation établie entre «Pierre» et «être absent». Voici un schéma qui permet de visualiser la hiérarchie des éléments constitutifs de cet énoncé:

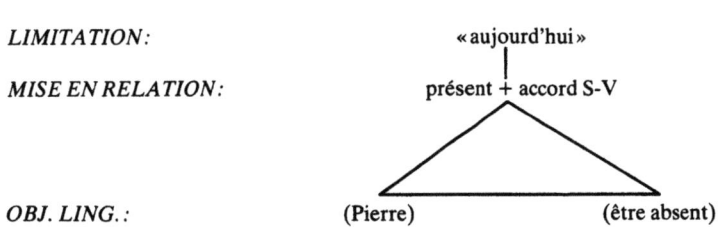

LIMITATION: «aujourd'hui»

MISE EN RELATION: présent + accord S-V

OBJ. LING.: (Pierre)　　　(être absent)

En même temps qu'il établit une relation entre deux objets linguistiques [(Pierre) et (être malade)], cet énoncé «parle» de la relation; il la limite dans le temps: «Pierre est malade» est vrai dans le domaine «aujourd'hui».

Ce sont en général les adverbes de temps ou autres qui permettent de limiter la validité de la mise en relation; mais ce peut être un nouvel énoncé lui-même construit de façon complexe. Par exemple: «il est drôle quand il mange comme ça» qui peut se représenter ainsi:

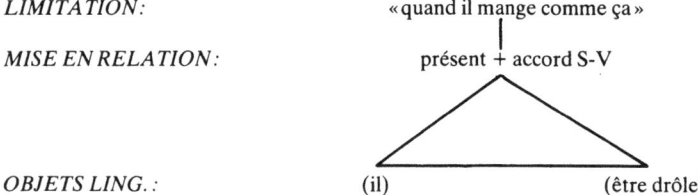

LIMITATION: «quand il mange comme ça»

MISE EN RELATION: présent + accord S-V

OBJETS LING.: (il) (être drôle)

Donc, dans un même énoncé, on trouve une mise en relation et une opération portant sur cette mise en relation. Certaines mises en relation ne sont d'ailleurs établies que pour pouvoir donner cette limitation (ou une autre opération de cet ordre, voir plus loin); c'est notamment le cas pour certains énoncés en ETRE et AVOIR, qui n'ont pour raison d'être que de permettre de parler de la validité. Par exemple, si une personne demande à voir votre collègue Pierre et que vous répondiez l'énoncé ci-dessus: «Pierre est absent aujourd'hui»; vous n'aurez créé la mise en relation que pour parler de «aujourd'hui»; pour justifier que «aujourd'hui» précisémment, il n'est pas possible de voir Pierre. Dans ce contexte, le but de l'énoncé n'est pas d'énoncer une qualité de Pierre comme si l'on énumérait plusieurs qualités à la suite pour le définir (cas rare dans les emplois de ETRE) mais plutôt de répondre à l'interlocuteur au sujet de «aujourd'hui».

2. Négation de la relation

A. *Fonctionnement*

La négation est également une opération qui porte sur la mise en relation; elle «domine» l'énoncé.

Prenons l'énoncé «C'est pas le moment de chanter», avec l'objet linguistique complexe pré-agencé (le moment de chanter).

En voici le schéma:

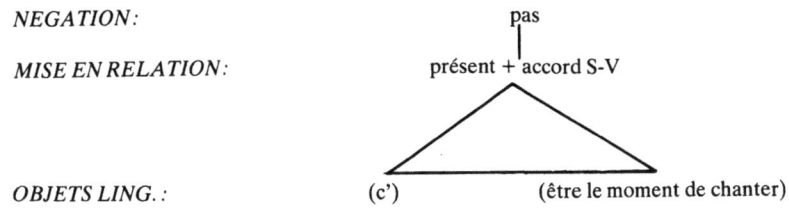

On établit la relation puis on la nie; ou plutôt, on pré-agence une relation pour la nier.

On considère habituellement que le signe de la négation (la trace de la négation dans l'énoncé) est «ne...pas». Or «ne» n'est pas seulement un appendice sans signification de «pas», que l'on peut omettre à l'oral mais qui reste nécessaire à certains niveaux de langage (à l'écrit notamment). La trace de la négation est «pas», et seulement «pas». C'est ce qui fait que le seul «pas» est absolument nécessaire à créer un énoncé négatif. «Ne» a le même fonctionnement dans les deux énoncés suivants, l'un négatif, l'autre non:

- ce n'est pas l'heure de chanter;
- je crains qu'il ne vienne.

«Ne» en effet apparaît dans des énoncés autres que négatifs et l'opération qu'il signale est commune à tous ses emplois. Cette opération est utile mais non nécessaire aux énoncés négatifs; c'est pourquoi on ne parlera ici que de «pas» comme trace de la négation. On remarquera d'ailleurs qu'à l'oral — soit: la langue que l'enfant apprend — «pas» seul se rencontre de façon prédominante.

B. *«éteinds la lumière pas!»*

Dans l'appropriation de l'opération négation, on rencontre quantité d'énoncés comme ceux qui sont rassemblés dans l'observation 19:

```
Obs.19   MI(2,6)   2/79: (série d'exemples)
 *  MI veut rester éveillé, l'Ad. ne veut pas
Ad. - oh non!
Mi  - c'est pas / oh non !
*
Ad. - il faut dormir maintenant
Mi  - c'est pas / dormir
*
Ad. - allez, il faut dormir
Mi  - mais non, pas / dormir
```

```
 *
Ad. - eh! c'est l'heure de manger
Mi  - non pas manger
 *     Au coucher
Mi  - la lumière, s'il te plaît!
Ad. - y'a pas besoin d'lumière. C'est noir.
Mi  - c'est pas / noir
Ad. - si, c'est noir. C'est l'heure de dormir.
Mi  - non pas dormir. c'est pas / noir

 *
Ad. - éteinds la lumière, Michaël
Mi  - éteinds la lumière / pas
Ad. - si! y'a pas besoin d'lumière
Mi  - si! y'a besoin la lumière
Ad. - non, il fait noir maintenant
Mi  - c'est pas noir
```

La négation est isolée de l'énoncé, ce qui a pour effet d'en expliciter la portée qui est l'énoncé entier (ou plus précisémment la relation établie par l'énoncé). Dans ces énoncés enfantins, la négation est marquée par «c'est pas» ou par «pas» seul, accolés à l'énoncé non modifié. On voit nettement l'enfant reprendre comme un bloc figé ce qu'a dit son interlocuteur et le faire précéder ou, plus souvent, suivre de «pas». L'intonation fréquemment souligne le caractère de reprise du bloc qui garde souvent la même intonation que dans l'énoncé entendu auparavant.

Il y a négation de l'énoncé complet et non, comme on pourrait le croire en regardant mot à mot — linéairement — un énoncé, négation d'un seul élément de l'énoncé, le verbe la plupart du temps.

«Il ne mange pas la crème» est en effet analysé par la grammaire traditionnelle qui ne dé-linéarise pas les énoncés, comme une négation du verbe «manger», alors que c'est l'énoncé complet «il mange la crème» qui est nié.

Donc, lors de l'appropriation de l'opération NEGATION, l'enfant isole l'opération de l'énoncé sur lequel elle porte. Il y a continuité du «non» seul, en réponse à l'adulte, au «.../pas» qui reprend les termes de l'adulte puis en dit «pas». Il faudra ensuite que l'enfant intègre la trace de la négation dans son énoncé; celle-ci en français suit immédiatement le verbe (c'est là que nous recherchons systématiquement l'opération qui domine un énoncé).

3. Interrogation sur la mise en relation

A. *Fonctionnement*

L'interrogation est également une opération sur la relation, sur l'énoncé total et non, sur un seul élément, comme le considère la grammaire traditionnelle.

Il existe deux formes reconnues d'interrogation en français :

1. mangeons-nous ? (inversion S-V, intonation montante)
2. est-ce que nous mangeons ? (avec « est-ce que » et une nouvelle intonation).

Il en existe une troisième, bien plus répandue à l'oral, et considérée comme incorrecte par la grammaire scolaire :

3. nous mangeons ? (sans inversion S-V, intonation montante).

Seule l'intonation montante différencie cet énoncé de l'énoncé affirmatif correspondant. Cette forme est très « économique » (évite au maximum toute restructuration de l'énoncé) et il est donc naturel qu'elle soit très fréquente à l'oral.

Les formes 2 et 3 sont les plus explicites du fonctionnement de l'interrogation ; elles mettent à nu — particulièrement la 2 — son rôle qui est de questionner la valeur de la relation établie par l'énoncé.

En voici les schémas :

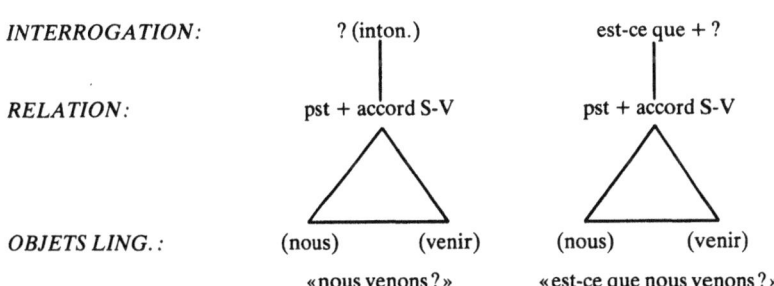

Par opposition à ces deux formes où l'on ajoute un élément à un énoncé affirmatif sans le restructurer (intonation ou « est-ce que » + intonation), la première forme nécessite une restructuration de l'énoncé et donc demande plus d'effort. En conséquence, il semble naturel qu'elle se rencontre assez tard dans l'expérience du langage de l'enfant, et qu'elle soit plus affaire d'écrit ou de niveaux « soutenus » de langue.

B. « Hein ouais, il est l'heure de s'coucher? »

La forme «est-ce que x ?» est remarquable. En clair, elle dit: «cela est-il que x ?», «est-il vrai que x ?», «existe-t-il bien x ?».

Or, il existe des formules créées par les enfants qui se rapprochent du fonctionnement de cette formulation:

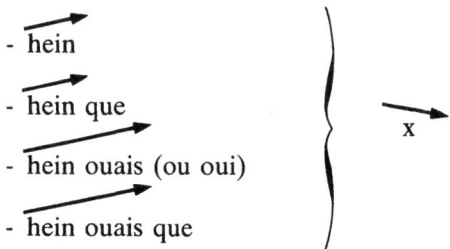

Ce qui est à gauche de l'accolade est prononcé avec intonation montante, ce qui est à droite (reprise de l'énoncé affirmatif sans déstructuration) avec intonation descendante.

Voici un ensemble d'énoncés présentant cette formulation:

```
Obs.345   MI(4,8)   4/81:

pose de nombreuses questions ainsi construites:

                        ⎧ il est l'heure de s'coucher..
- maman, hein ouais,    ⎨ elle a fait ça...
                        ⎩ il faut y'aller maintenant...

la seule intonation interrogative est sur le "hein",
l'ensemble qui suit "hein ouais" est monotone et bas.
```

Ces formules correspondent aux «n'est-ce pas que...?», «n'est-il pas vrai que...?» ou à la post-question «..., n'est-ce pas?». Ces trois formules demandent la *confirmation* de la relation, sur laquelle il y a accord présumé: «on mange bientôt, n'est-ce pas?» ou encore «on mange bientôt, hein?». Il s'agit souvent d'une fausse question, c'est-à-dire que le locuteur *force* l'accord; il fait comme si il allait de soi que son interlocuteur était d'accord.

Dans les formulations enfantines dont l'Obs. 345 donne plusieurs exemples, c'est «ouais» (ou «oui» chez d'autres enfants) qui prend en charge l'affirmation de l'accord présumé et «hein» qui demande la confirmation. Le schéma suivant rend explicite la hiérarchie interne de ces formules:

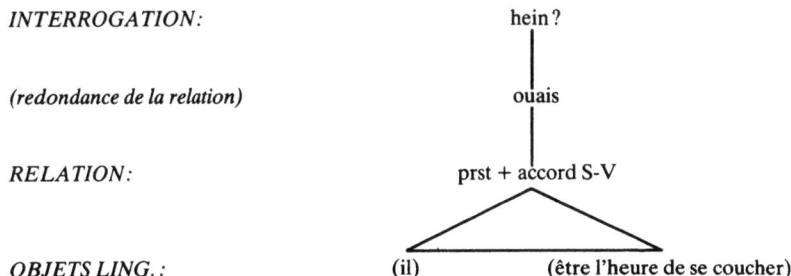

L'origine probable de ces diverses formules («hein», «hein ouais», «hein ouais que»...) est sans doute le «hein» que l'on rencontre en fin d'énoncé, post-interrogation sur l'énoncé qui vient d'être dit. On peut trouver :

- on mange dehors à midi, *hein*? (existe en français oral)
- *hein*, on mange dehors à midi?
- *hein qu'*on mange dehors à midi?
- *hein ouais (oui) qu'(e)* on mange dehors à midi?
- *hein ouais que* on mange *bien* dehors à midi?

Le seul élément nécessaire est «hein» qui porte l'intonation montante; les autres éléments sont à certains moments ressentis comme nécessaires par l'enfant, à d'autres comme superflus. Voici où on peut placer ces divers éléments dans le schéma donné plus haut :

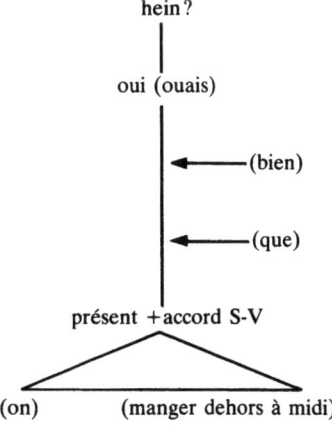

«que» et «bien» apparaissent comme en excès dans ces énoncés.

« Que » sert à bloquer l'énoncé et à signaler que ce qui précède porte sur la totalité de ce qui suit, comme dans « je pense que (on mange dehors à midi) ». L'enfant a repéré qu'ici aussi, il parle de l'énoncé entier et peut ressentir « que » comme nécessaire, ou se contenter de la juxtaposition de « hein » et de l'énoncé.

« Bien », que l'on étudiera à nouveau plus loin, sert à rappeler que la relation de l'énoncé est une relation déjà établie antérieurement dans un autre énoncé :

- « on mange *bien* dehors à midi, n'est-ce pas ? »

Dans cet énoncé d'adulte, le rôle de « bien » comme rappel d'une discussion précédente apparaît clairement et il semble naturel que la post-question ait un caractère de demande de *confirmation*, puisque, précisémment, on a déjà parlé de cela auparavant.

Donc, comme rappel de l'*accord*, « bien » est redondant de « oui » ou « ouais » et peut être senti comme nécessaire à un moment et superflu plus tard. Il peut même remplacer « oui » ou « ouais » plus tard, lorsque l'enfant considère qu'il suffit à marquer l'accord préalable.

On pourra encore consulter les observations 415, 416, 431 où se rencontrent ces formules. On remarquera particulièrement l'Obs. 431 : « hein ouais non, on fait pas la sieste ? » qui se décompose ainsi :

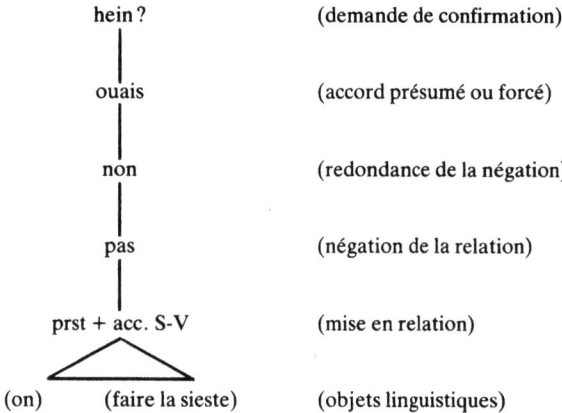

Cette forme nous a amusé ; elle présente outre sa structure très originale pour un adulte (qui voit une sorte de contradiction dans « hein ouais non »), une intonation exagérée, et sous-entend une certaine complicité. Aussi l'avons-nous reprise souvent entre nous par jeu. Michaël ne s'en est pas vexé, mais il est probable que son attention a été attirée sur cette formulation par ces reprises-jeux.

4. Modalisation

A. *Fonctionnement*

La modalisation est encore une opération qui porte sur la relation établie par l'énoncé. Il s'agit d'un jugement formulé par celui qui parle, sur la validité de la relation qu'il établit. Ainsi, dans un énoncé comme celui-ci :

« Pierre peut revenir d'un moment à l'autre »,

celui qui parle fait deux choses à la fois. D'une part, il établit la relation entre les objets linguistiques (Pierre) et (revenir d'une minute à l'autre). D'autre part, il formule, en même temps, que cette relation est POSSIBLE. L'énoncé peut être reformulé ainsi :

- il est possible que Pierre revienne d'une minute à l'autre.

Une relation peut être jugée EVENTUELLE (« pourrait »...), POSSIBLE (« peut »...), PROBABLE (« peut », « doit »...), CERTAINE (« doit »...)... Chacun des opérateurs cités ici peut, selon le contexte linguistique et extra-linguistique, prendre en charge divers effets de sens. Par exemple :

- « Pierre devrait revenir d'une minute à l'autre »,

peut être équivalent selon le contexte à ces deux énoncés :

- « il est PROBABLE que Pierre revient d'une minute à l'autre »,
- « il est SOUHAITABLE que Pierre revienne d'une minute à l'autre ».

Pour cette discussion de la validité de la relation (modalisation); on trouve :

- des verbes qui supportent en même temps l'opération de mise en relation : pouvoir, devoir... (« Pierre peut revenir d'une minute à l'autre »);
- des « adverbes » qui s'insèrent dans l'énoncé sans le modifier : peut-être, sans doute, certainement, probablement... (« Pierre revient probablement d'une minute à l'autre »);
- des énoncés « supérieurs » nouveaux contenant des opérateurs de modalisation, qui dominent la relation établie bloquée par « que » (« je crois que — Pierre revient d'une minute à l'autre —»). Dans

ces énoncés supérieurs, on trouve des verbes à sujet personnel (croire, penser, supposer, etc...) et des formes à sujet impersonnel (il faut que, il paraît que, etc...).

Toutes ces formes — chaque procédé ayant une fonction spécifique que l'on ne discutera pas ici — sont des «discussions», des jugements, des *modalisations* de la relation établie par l'énoncé.

B. «*C'est DEJA un fauteuil!*»

On trouve chez les enfants diverses stratégies pour discuter de la relation établie. Voici quelques observations où apparaissent des modalisations créées par des enfants pour pallier le manque d'opérateurs de modalisation.

```
Obs.191   MI(3,8)   16/4/80:
Mi.  - oh, regarde! il est assis sur un livre!
Ad.  - eh oui!
Mi.  - c'est drôle, on dirait un fauteuil
Ad.  - oui
Mi.  - c'est déjà un fauteuil!
```

Voici utilisés deux éléments très importants: «on dirait» et «déjà». «On dirait» est du même ordre que «il semble», «il paraît», «on croit», etc... Il donne une relation pour plausible, en même temps qu'il spécifie nettement qu'elle n'est pas vraie (qu'elle n'est pas vérifiée). C'est pourquoi il peut prendre en charge la *simulation* de relation («on dirait que tu serais docteur et...»).

Quant à «déjà», son emploi ici correspond à un énoncé du type: «on peut dire que c'est un fauteuil», «c'est certainement un fauteuil». En fait, il faut décomposer cet énoncé pour comprendre pourquoi cet opérateur a pû prendre en charge une telle signification pour Michaël à (3,8).

«Déjà» fait référence à un énoncé antérieur, rarement exprimé, sensible dans des énoncés comme «je te l'ai déjà dit cent fois!». On peut décomposer «c'est déjà un fauteuil!» comme suit:

«On peut dire, c'est certainement, un fauteuil; parce qu'il a déjà été dit que c'était un fauteuil».

C'est une façon d'appeler dans l'énoncé présent un énoncé antérieur: «ce que je dis» a déjà été dit (cent fois); c'est une forme d'autorité. L'énoncé antérieur peut être fictif, il est cependant posé comme ayant existé. Dans notre exemple, la mise en relation de l'objet linguistique « c' » avec « être un fauteuil » passe comme ayant déjà été posée; elle a force d'existence préalable à cet énoncé (argument d'autorité que l'on sent dans « déjà! », ou « déjà là! », « déjà midi! »...).

```
Obs.264   MI(4,5)   27/1/81:

me cherche dans la salle de bains alors que je suis
dans la chambre; je ris, il vient dans la chambre:

Mi   - j'entendais chanter dans la salle de bain...
        je croyais...
Ad.  - et j'étais ici
Mi   - en fait!
```

Il y a comparaison de la validité de deux relations : « tu es dans la salle de bain », « tu es dans la chambre ». Sachant que la première n'est pas vérifiée (puisqu'il s'exprime après m'avoir trouvée), Michaël la module avec « croire » (notez l'imparfait dans cet énoncé typiquement du dire).

Toutes les apparences semblaient justifier une telle mise en relation; « j'entendais chanter dans la salle de bain » est l'exposé de ces apparences, la justification. En conséquence des apparences que « je » viens d'évoquer, il est naturel que « j' » ai pensé, que « j' » ai dit, que « j' » ai crû que tu étais dans la salle de bain.

Par opposition aux apparences, le lapidaire : « en fait! ».

```
Obs.398   MI(4,8)   25/4/81:

Mi   - écoute! ça ressemble à la musique de Frérot et
        Soeurette
Ad.  - oui...ça ressemble un peu
Mi   - non, c'est complètement cette musique.
```

L'énoncé adulte signifie : « on dirait un peu (il y a quelques éléments qui font qu'on peut dire que c'est) la même musique ». Par opposition, Michaël pense qu'il y a *tous* les éléments pour dire que c'est la même musique : c'est *complètement,* c'est *tout-à-fait* cette musique.

Les deux observations citées présentent une certaine similitude :

191   Ad- on dirait un x
       Mi- c'est déjà un x
398   Ad- c'est un peu x
       Mi- c'est complètement x.

Très souvent, la simple reprise de la relation minimale «c'est» fortement accentuée, permet à l'enfant (Michaël en particulier à cette époque) d'affirmer son opinion par opposition à celle de son interlocuteur; par exemple, dans l'Obs. 398, Michaël aurait pû tout aussi bien dire: «c'EST cette musique!», en accentuant fortement «c'est». Cette accentuation du verbe portant la relation est la forme minimale de la modalisation. Avec «si!» et «non!», on assiste au même phénomène; avec «si!», celui qui parle affirme que la relation est vraie; avec «non!», qu'elle ne l'est pas. «Si» et «non» suffisent pour parler de la relation; celle-ci n'est pas nécessairement répétée et l'on peut trouver particulièrement chez les enfants les «dialogues de sourds» qui sont une succession de «si!», «non!», «si!»...

Voici encore deux observations intéressantes à propos de modalisation:

```
Obs.477  MI(5,3)  22/11/81:
entend le bruit d'un avion:
- hum, je sens qu'y'a un avion.
```

Ici, deux faits peuvent expliquer ce «sens». D'une part, «sens» peut très bien venir de «sembler» (et non de sentir). On entend en effet des énoncés enfantins comme celui-ci: «je semble que je vais rater» où «sembler» est conjugué avec un sujet «personnel» («je»). Michaël, en ce cas, voudrait dire: «il (me) semble qu'il y a un avion». D'autre part, «sens» vient de «sentir», comme dans «je sens qu'il pleut», «je sens qu'il va pleuvoir». Tous les organes des sens permettent d'affirmer la validité d'une relation; ici, «entendre» aurait été plus adapté, mais «sentir» est un terme générique pour l'ensemble des perceptions et est donc plausible.

```
Obs.425  DJA(6,10)  22/5/81:
cherche un sac:
- ah oui! j'crois l'avoir vu, même je l'ai déjà
vu!......oui, je l'ai déjà vu, il est dans un
p'tit coin...(cherche encore, ne sait pas)
```

Ici, il y a toute une gradation de «moins» à «de plus en plus» de certitude de la validité de la relation: «je *crois* l'avoir vu», puis «je l'*ai déjà* vu», puis «il *est* quelque part», affirmation de la vérité de la relation, indépendamment de la perception de Djamilia (les deux premiers énoncés faisant référence à sa perception).

On remarquera que Djamilia utilise «il *est* quelque part» alors qu'elle ne sait pas encore où il se trouve. Normalement, elle ne devrait pas utiliser cet énoncé, mais on remarque une fois de plus que le langage permet de *forcer* une relation; d'affirmer une relation d'ordre supérieur à ce que les faits ou les perceptions confirment. C'est lui donner une force d'existence qu'elle n'a pas, c'est comme l'*invoquer* (l'évoquer pour qu'elle existe), voir «c'est déjà un fauteuil» de Michaël plus haut.

Enfin, pour conclure ce chapitre sur les modalisations d'enfants, je voudrais rappeler, à l'aide de l'observation 229, l'existence de tout un ensemble d'expressions typiques du langage enfantin et qui visent la modalisation (observation déjà citée dans la première partie):

```
Obs.229   MI(4,3)   21/11/80:
MI et STEphane viennent de se disputer; en représail-
les, STE critique le premier objet qu'il trouve appar-
tenant - représentant! - MI.
Ste - ta photo, elle est pas belle!
Mi  - si
Ste - non!
Mi  (donne un coup à STE)
    - elle est belle, hein?
Ste - oui
Mi  (se tourne vers moi)
    - il dit non pour croire (-) et il dit oui pour
      pas croire.
```

Voici comment il faut comprendre le dernier énoncé de Michaël dans cette observation. «Pour croire» s'oppose à «pour de vrai» et est équivalent de «par jeu, en faux, pour de faux, même pas vrai...». Donc, selon Michaël, Stéphane dit «NON, ta photo n'est pas belle» / «pour croire» (soit: par jeu, en faux, sans y croire) et ensuite, il dit «OUI, ta photo est belle» / «pour pas croire» (soit: pour le contraire de «pour croire», donc: pour de vrai). Cette interprétation de ce que dit Stéphane alors est bien sûr très discutable, mais là n'est pas la question. C'est un bel exemple de jugement sur les relations établies par les énoncés.

L'émergence des expressions comme «pour de faux, même pas vrai, pour croire...» est particulièrement intéressante pour suivre le développement des modalisations chez les enfants.

On se reportera aux Obs. 116, 123, 139 sur ces expressions, et aux Obs. 195, 362 pour d'autres modalisations ou simulations de relations («on dirait»).

Dans ce chapitre, nous avons vu plusieurs opérations complexes à l'intérieur des énoncés isolés. Nous allons maintenant, dans le dernier chapitre du livre, traiter des opérations qui organisent les énoncés entre eux.

Chapitre IV
Les énoncés interdépendants

Les énoncés tels que nous les avons vù organisés jusqu'ici, n'apparaissent pas isolés; ils entrent en relation les uns avec les autres de façon à construire des significations de plus en plus complexes.

De nouvelles opérations — apparaissant dans les énoncés sous forme de nouvelles traces — permettent de signaler ces relations inter-énoncés; permettent de faire référence dans un énoncé aux énoncés précédents ou à d'autres énoncés en rapport avec ce qui est dit.

Ainsi, dans l'observation 375, citée lors de l'étude des déterminants; celui qui parle tient compte dans son deuxième énoncé du fait qu'il a déjà parlé de la même chose avec le même interlocuteur :

```
Obs.375   MI(4,8)   16/4/81:

m'avertit ainsi que sa cousine touche à la télévision

Mi  - maman, Catane, elle fait une bêtise avec
      la télé!

quelques minutes plus tard (énoncés isolés):

Mi  - maman, elle refait la bêtise!
```

Ceci apparaît dans les traces d'opérations «la» et «re-» préfixé au verbe. Cela aurait également pû être marqué dans l'énoncé par une autre trace d'opération typique de ce niveau d'organisation: «encore». L'énoncé aurait alors été: «Maman, Catane, elle fait ENCORE la (même) bêtise avec la télé». Ce que dit «encore», c'est qu'une telle information a déjà été donnée auparavant; «encore» renvoie du nouvel énoncé à un énoncé antérieur.

De même, lorsque devant vous, un autre client demande à un crémier: «du gruyère, s'il vous plaît»; si vous passez ensuite et désirez du gruyère, vous serez «obligés» de faire référence à l'énoncé qui a été produit devant vous: «du gruyère *aussi*», «la *même* chose»...[1].

Les traces des opérations de ce niveau — c'est-à-dire l'interdépendance des énoncés — sont tous ces petits liens logiques («bien», «comme», «aussi», «même», «mais», «d'ailleurs»...) que la grammaire traditionnelle a quelquefois nommés, mais n'a jamais aidé à comprendre.

La plupart du temps, ces opérateurs sont appelés «adverbes». Cette dénomination a au moins le mérite de signaler qu'ils sont du même ordre d'importance à l'énoncé que le verbe, dont on a vu qu'il était le pivot de l'énoncé, le support de nombreuses opérations constitutives de l'énoncé. Prenons le cas de «bien» dans l'observation 394. La dénomination «adverbe de manière» est malheureusement insuffisante pour caractériser le rôle de cet élément:

Obs.394   FEL(6,9)   23/4/81:

FEL et DJA "jouent" la Belle au Bois Dormant ; la fée maléfique vient de jeter un sort à la princesse Aurore (à l'âge de 16 ans, tu te piqueras le doigt et tu mourras); la bonne fée essaie de contrer ce sort:

- *au bout de tes 16 ans, après tes 16 années, tu te piqueras bien le doigt à un fuseau mais tu ne mourras pas, tu t'endormiras simplement, tranquillement et tu dormiras pendant cent ans...*

Cet énoncé (rapporté) de la Bonne Fée a à voir avec l'énoncé de la Fée Maléfique et le type d'opérations qui renvoie du second au premier apparaît dans l'énoncé même sous forme des traces: «bien» et «mais» essentiellement.

- *tu te piqueras* BIEN *le doigt:*

«bien», qui n'a rien à voir avec une quelconque manière de se piquer le doigt, bien entendu, signale ceci:

«conformément à ce qui a été dit, tu te piqueras le doigt» («bien» = conformément à ce qui a été dit, comme on peut s'y attendre...)

- *mais tu ne mouras pas* :
«mais», c'est-à-dire contrairement à ce qui a été dit, contrairement à ce qu'on peut attendre, etc...

- *tu ne mouras pas, tu t'endormiras seulement* :
c'est-à-dire : tu ne feras QUE t'endormir; tu auras l'apparence de la mort, mais tu ne seras qu'endormie.

«Bien» et «mais» dans cet exemple, et d'autres opérateurs du même type, sont des éléments importants pour la construction et la compréhension d'énoncés interdépendants. Ils servent à repérer un énoncé dans un ensemble afin de créer une signification qui dépasse la simple juxtaposition des énoncés isolés.

L'acquisition des opérations de ce niveau d'organisation du discours est généralement sous estimée. Cette acquisition commence très tôt (on verra des exemples avec «aussi» dès la crèche), mais elle se poursuit sur de nombreuses années (avec une sorte de temps fort dans l'exploration de ces opérateurs vers 4 ou 5 ans). En plus de la maîtrise des nombreuses opérations portées par le verbe, la maîtrise de ces opérateurs est essentielle pour passer à un langage complexe; lequel permet ensuite le passage aisé à l'écrit.

A chaque niveau d'organisation des énoncés, son système d'opérations et d'opérateurs spécifique.

A ce niveau, on va trouver dans un énoncé des opérateurs qui renvoient à d'autres énoncés :
a) soit produits antérieurement à l'énoncé actuel (bien, mais, déjà...);
a') soit virtuels, c'est-à-dire qui n'ont pas eu lieu mais qui servent néanmoins de référence implicite à l'énoncé actuel (bien, mais, même, autre, aussi, déjà, encore...);
b) soit produits en même temps que l'énoncé actuel dans un ensemble qu'ils contribuent à organiser (alors que, puisque, donc, comme, si, parce que, car...).

On ne pourra ici traiter longuement chaque opération mais le but de ce chapitre est plutôt, à l'occasion d'énoncés réels soulevant à chaque fois un problème d'appropriation particulier, de montrer la richesse de ce niveau d'organisation du langage et la problématique particulière qu'il soulève.

Ce chapitre comprend 7 parties, chacune étant centrée sur un problème d'acquisition :

Absence de système d'opérateurs :
1. « et puis... et puis... » : — la nécessité de marquer un lien existe mais l'enfant ne possède qu'un opérateur a-spécifique.

Certaines contraintes à l'utilisation des opérateurs manquent :
2. « aussi » : — il manque des contraintes au rôle de l'opérateur en soi.
3. « déjà »/« encore » : — interchangeabilité d'opérateurs du même ordre.
4. « encore... encore... » — redondance du lien marqué sur les deux énoncés qu'il relie.

Construction d'un système plus général :
5. « puisque c'est ainsi »/ « comme c'est comme ça » — explicitation d'une construction en en donnant des équivalences.
6. « enfin que », « si que »... — création d'opérateurs : par excès de « que ».
7. « et si jamais après que »... — création d'opérateurs : par agglutination/non dissociation.

1. Et puis... et puis...

On remarque une phase d'acquisition très répandue chez les enfants, c'est la période des « et puis... et puis... ». En voici deux exemples :

```
Obs.136   MI(3,7)   15/3/80 :
dix minutes après un petit incident survenu alors que
j'étais absente, MI me raconte :
- j' /e/ m'coincé les doigts dans la porte là et puis
ça m'a fait mal et puis on a été dans le placard et
puis on a mis la pommade
```

```
Obs.5   DJA(3,10)   22/5/78 :
raconte son rêve :
- j'étais tombée dans l'eau et puis j'ai nagé et puis
j'étais maquillée en poisson...
```

A cette époque, dans une stratégie originale pour produire un « récit » de plus d'un énoncé, l'enfant utilise quasi-continuellement cet unique opérateur pour relier ses énoncés. Il a repéré le fait que les énoncés sont reliés dans le discours; il sent le besoin de marquer ce lien. Mais il ne possède encore qu'un opérateur a-spécifique.

Celui-ci se diversifie bientôt en deux opérateurs qui définissent deux champs différents :
- « et puis... et puis... » : subsiste pour désigner la simple succession,
- « et ben » (ou « et bien ») : est ajouté pour marquer la conséquence ou la conclusion d'une série (on trouve également « et en plus », « et en plus maintenant »... voir partie n° 7).

Voici quelques exemples de cette dernière catégorie :

```
Obs.344   MI(4,7)   31/3/81 :
- si j't'appuierais et j'te cognerais, et ben, ça
te ferait mal.
```

```
Obs.308   MI(4,7)   9/3/81 :
notre réveil est assez particulier; si on le heurte,
il part à l'envers, il suffit de le cogner à nouveau
pour qu'il reparte dans le bon sens:
- papa! le réveil, il avait tourné à l'envers, et ben
en plus, j'suis fort, maintenant il retourne à
l'endroit.
```

```
Obs.317   MI(4,7)   14/3/81 :
- j'avais pas envie d'boire et en plus (-) maintenant
(-) j'ai envie d'boire.
```

```
Obs.396   DJA(6,9)   24/4/81 :
Dja - tu sais Domi, j'ai beaucoup (-) pas maché (-)
      d'ce côté-là à cause de mon aphte...
Ad. - quoi?
Dja - bon! quand j'avais mon aphte, tu t'rappelles?
      bon, j'ai pas maché d'ce côté-là, et ben main-
      tenant, ça m'fait mal d'mâcher d'ce côté-là.
```

Passée cette période où « et puis » est pratiquement seul à assurer la marque des opérations de ce niveau, de nouveaux opérateurs plus diversifiés prendront le relai : « ensuite », « enfin », « donc », « alors »... et « et puis » et « et bien » verront leur domaine se restreindre.

2. « Aussi »

Nous allons voir ici deux observations d'Elodie (2,6) à deux semaines d'intervalle. Tout d'abord, on notera que cet opérateur peut intéresser un enfant dès ce jeune âge. Ensuite, ces deux observations veulent souligner qu'un opérateur peut sembler maîtrisé et ne l'être que partiellement. En effet, dans le premier emploi de « aussi » noté, l'opérateur semble utilisé de la même façon qu'en français oral. Mais la deuxième observation nous permet de revenir sur le rôle de « aussi » et de voir qu'une partie seulement de ce que cet opérateur recouvre est alors maîtrisée.

```
Ad. pèle des fruits devant les enfants :

Ad. - et je coupe avec quoi ?

Enf - /kytɔ/            [couteau/kutɔ/]

Ad. - je coupe avec un couteau !

Enf - /œ̃ kutɔ/          [un couteau/œ̃ kutɔ/]

Ad. - avec un couteau.

Elo - /mama ɔsi/        [maman aussi/mama ɔsi/]

Ad. - maman aussi, elle coupe avec un couteau, ma
      grande.
                                    (crèche)  Obs. 532
```

La réflexion de l'adulte (la jardinière de crèche qui s'occupe habituellement de ce groupe d'enfants) est intéressante. Elle n'a pas « analysé » ce que venait de dire Elodie et n'avait d'ailleurs, quelques minutes plus tard lorsque je l'interrogeais, pas souvenir qu'Elodie ait utilisé ce mot. C'est intuitivement, dans un but pédagogique évident même si inconscient, qu'elle a *illustré, explicité,* le fonctionnement de « aussi » pour Elodie.

« Maman aussi » indique que ce qui a été dit auparavant d'un certain sujet (« je » dans cet échange), est également valable pour un nouvel objet linguistique : « maman » :

JE (coupe avec un couteau) — MAMAN aussi, elle (coupe avec...)[2].

« Aussi » est légèrement différent du préfixe « re- » qui, lui, duplique l'énoncé entier, tous éléments compris (« je reprends du chocolat » —

«je prends du chocolat» BIS, A NOUVEAU, UNE DEUXIEME FOIS, ENCORE...).

Avec cette première observation, on peut penser l'opérateur maîtrisé. Or, voici l'énoncé entendu deux semaines plus tard:

```
ELO(2,6) pleure, MAG(2,9) l'a bousculée. Ad. console
ELO, qui désigne alors MAG en disant:

Elo - /se magali ɔsi/    [c'est Magali aussi
                         /se magali ɔsi/]
                                      (crèche)  Obs.544
```

Il y a là un décalage avec ce que dirait un adulte. L'opérateur «aussi» est typiquement en période de sur-utilisation; Elodie prend tout prétexte pour l'employer.

Cependant, on peut noter que cet emploi de «aussi» est vraisemblable: «aussi» s'utilise fréquemment en énoncé tronqué où ce qui est commun aux deux énoncés qu'il réunit est sous-entendu (je coupe avec un couteau — maman aussi ø). Ici, l'adulte console Elodie, mais Magalie est également concernée. Comme l'énoncé est tronqué, il est difficile de déduire de l'unique énoncé «c'est Magali aussi», quelles sont les contraintes à l'emploi de «aussi» que possède Elodie.

Ce qui apparaît, dès ces deux observations, c'est que les opérateurs de ce niveau (renvoi d'énoncés les uns aux autres), peuvent donner lieu à sur-utilisation, comme les opérateurs des niveaux vus précédemment; on remarque avec ces deux observations que le contexte habituel de l'opérateur est repéré et qu'en conséquence l'opérateur semble maîtrisé; sa présence dans l'énoncé est vraisemblable (par opposition à l'énoncé fictif, dans le même contexte: «j'ai mal aussi», par exemple).

Pour compléter une étude sur le fonctionnement de «aussi», on pourra consulter les observations 13 («on mange pas que, hein; on boit aussi»), 340 («y a quelqu'un aussi qui dort chez nous») et 505 («moi non plus, ça veut dire il sait pas aussi»).

Donc l'opérateur est partiellement justifié, mais il manque encore à l'enfant d'avoir repéré certaines contraintes pour limiter son emploi de «aussi». Par comparaison, il est intéressant ici de revenir sur les observations contenant «d'ailleurs» produites par Michaël entre (4,4) et (4,8). Ces observations ont été citées dans le chapitre sur la sur-utilisation, où l'on voyait déjà que l'opérateur avait été abandonné. Autant en ce qui concerne les emplois de «aussi» cités plus haut, on peut considérer que l'enfant comprend la signification de l'opération dont «aussi» est la trace; autant en ce qui concerne «d'ailleurs» dans ces observations, l'impression prédomine que l'opérateur est encore sans signification pour Michaël. Il semble ne manipuler qu'une forme qui se dit de telle façon et se place à tel endroit; mais dont le sens lui échappe totalement.

On se reportera aux observations contenant «d'ailleurs»: 237, 250, 315, 341, 342. Je cite ici l'observation 250, pour préciser, à partir de l'analyse de l'énoncé adulte «je vais aller regarder d'ailleurs», le fonctionnement de «d'ailleurs»:

```
Obs.250   MI(4,5)   15/1/81:

on attend la fin du cours de gymnastique de DJA. On
peut regarder ce qui se passe dans le gymnase grâce
à une verrière.

Mi  - elle est finie, la gym de Djami?
Ad. - non, je vais aller regarder d'ailleurs.
Mi  - d'ailleurs (-) elle est finie?
Ad. - non.

( le deuxième énoncé de MI signifie:  quand tu dis
"d'ailleurs", est-ce que ça veut dire "elle est finie"?)
```

Ce qui précède l'énoncé étudié, pose que la gymnastique n'est pas finie. Vient alors l'énoncé:

A. «je vais aller regarder d'ailleurs»;

qui renvoie à un énoncé non exprimé, virtuel, mais qui sert néanmoins de référence à celui-ci:

B. «gymnastique non finie peut être regardée»;

ou plutôt, à la règle connue des habitués du cours de gymnastique:

C. «on peut assister au cours de ses enfants».

Donc, la référence à cette règle (C) renforce la remarque selon laquelle la gymnastique n'est pas finie. Ce qui rend particulièrement difficile la compréhension de cet opérateur, c'est que la référence reste bien souvent non exprimée. Il y a donc référence dans l'énoncé actuel, à un énoncé non exprimé (C), voire même à une conséquence seulement de cet énoncé (B).

Avec ces deux exemples, on a vu des emplois d'opérateurs dont la maîtrise n'est pas complète. Avec «aussi», la signification «globale» est perçue, et l'enfant ne sait pas encore très bien ce qui peut uniquement être relié par cet opérateur. Avec «d'ailleurs», la signification est recherchée, mais elle échappe au niveau de maturité linguistique de l'enfant. Dans les deux cas, l'opérateur est placé correctement dans l'énoncé, ce qui renforce pour l'observateur l'impression qu'il est maîtrisé. En effet, c'est essentiellement le fait que l'opérateur soit bien placé et «introduise» le bon élément (substantif, verbe...) qui donne un caractère de grammaticalité à l'énoncé. La place, le «fonctionnement» dans ce qu'il a de plus concret (place, formation), sont souvent les seuls critères retenus pour juger de la grammaticalité des énoncés enfantins. Mais la signification obtenue par l'ajout de cet opérateur à l'énoncé est essentielle pour déterminer avec une certaine assurance si l'opérateur est ou non maîtrisé.

3. Déjà / encore

Ces deux opérateurs sont du même ordre et d'emploi similaire; ils appartiennent à une même classe dans laquelle ils ont des significations opposées. Ils se recouvrent donc partiellement. Or, on remarque qu'ils sont parfois intervertis pendant une période de l'acquisition (voir l'observation 451 plus loin); comme si l'enfant repérait ce qu'il y a de commun entre les deux, la «classe» à laquelle ils appartiennent, avant de les séparer en fonction de ce qu'ils ont de spécifique.

Tout d'abord, à l'aide de deux énoncés fictifs, essayons de voir le rôle de ces opérateurs:

- «il n'est pas encore midi»; soit: on ne peut pas DEJA dire qu'il est midi,
- «il est déjà midi»; soit: on peut DEJA dire qu'il est midi[3].

«Déjà» renvoie à un avant, à quelque chose qui précède l'énoncé qui le contient. «Je te l'ai déjà dit cent fois!» est une façon d'appeler dans l'énoncé présent, un énoncé précédent; une relation entre les termes de l'énoncé déjà établie auparavant. C'est une manière de justifier l'utilisation d'une relation par le fait qu'elle a déjà été utilisée. On a déjà dit que c'était une forme d'autorité.

Dans l'observation 191, Michaël utilisait «déjà» d'une façon intéressante: «c'est DEJA un fauteuil!» lui servait à justifier le terme «fauteuil», comme plus haut «midi». Le rôle de justification aurait pû être rendu également par: «c'est VRAIMENT un fauteuil!», «c'est un fauteuil MEME!». C'est une forme d'affirmation qui ne se discute pas et l'utilisation dans le contexte de l'énoncé de Michaël est vraisemblable.

Il y a une gradation dans la justification, comme cela apparaît dans le schéma suivant:

« Même » renvoie aux propriétés intrinsèques du terme à justifier; par opposition, « déjà » et « encore » font référence à un avant et un après linguistique:

- on peut dès *maintenant* (par référence à plus tard) utiliser tel terme
- on peut *encore* (par référence à auparavant) utiliser tel terme

On voit que « déjà » et « encore » entrent en paradigme; ils sont en partie identiques et ne diffèrent que par le sens de la gradation. Il est intéressant de voir grâce à l'observation 451 qu'ils peuvent être interchangés, ce qui me semble caractéristique d'opérateurs d'une même classe. Plusieurs opérateurs d'une même classe, d'un même ordre, attirent l'enfant à une même période.

```
Obs.451   MI(5,1)   28/9/81:

à propos d'un jouet:

Mi   - La bagnole, elle est cassée!
Ad.  - mais tu peux la réparer, hein?
Mi   - oh hé! j'suis déjà un bébé!
Ad.  - encore...
Mi   - j'suis encore un bébé.
```

Pour Michaël, il y a paradigme. L'adulte a proposé un « encore » isolé; Michaël a formulé un énoncé complet l'utilisant exactement comme « déjà » l'était dans le premier énoncé.

Derrière cet échange, il y a une échelle implicite:

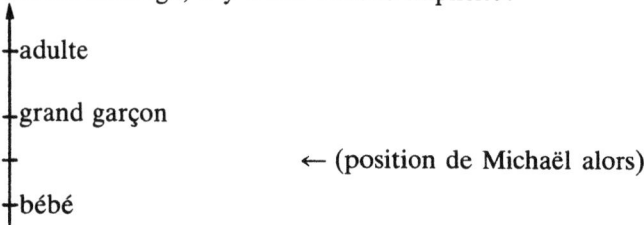

Tout d'abord, l'adulte considère que Michaël est assez grand pour être capable de réparer les petites voitures. Si «tu» = «grand garçon», alors «tu peux réparer les petites voitures». Donc l'adulte place Michaël dans la catégorie «grand garçon».

Par contre, si «tu» = «bébé», alors «tu ne peux pas réparer les petites voitures». Par l'énoncé 3, Michaël affirme que «bébé» est encore valable pour le définir; il se considère comme un bébé dans l'échelle d'âges qui sert de référence implicite à la conversation. La conséquence est qu'on ne peut lui demander de réparer les petites voitures:

«tu» = «grand garçon» - «tu peux DEJA réparer les petites voitures»

«tu» = «bébé»   - «tu ne peux pas ENCORE réparer...».

Ce genre de gradation est fréquemment utilisée dans les échanges avec les enfants, soit pour les encourager à faire ce qu'ils n'osent pas faire («mais si, tu es assez grand, tu vas y arriver», «regarde comme tu es grand, tu sais dessiner les avions»...) ou pour leur reprocher de ne pas *encore* faire quelque chose qu'ils devraient pourtant savoir faire («mais tu es un vrai bébé», «tu ne sais plus te servir de l'eau sans renverser, mais quel âge as-tu donc!»...). L'observation 451 est tout à fait du même ordre.

En conclusion de cette brève introduction aux rôles de «déjà» et «encore», soulignons le fait que l'enfant peut les associer lors de l'acquisition; ils sont en partie interchangeables. De la même façon, «hier» et «demain» entrent dans un même paradigme, et on trouve très fréquemment des énoncés enfantins les interchangeant (voir l'observation 192).

Mais il est également intéressant de noter que, bien que non totalement maîtrisés, ces opérateurs semblent pourtant nécessaires à Michaël. Il ressent le besoin de marquer une opération de ce niveau dans son énoncé (par opposition au simple «je suis un bébé» qui ne «justifie» pas le terme «bébé»).

4. Encore... encore...

Avec une autre observation, contemporaine au premier emploi de «déjà» noté plus haut (3,7), voici un autre phénomène caractéristique de l'acquisition de ces opérateurs: l'isolement et la duplication de l'opérateur.

On a déjà vu avec la négation et l'interrogation, que l'enfant, pendant l'appropriation, isole l'opération qu'il s'efforce d'acquérir. Pour ce qui concerne la négation par exemple, l'isolement en début ou en fin d'énoncé ne correspond pas à la place de l'opérateur dans les énoncés français. Il s'agit plutôt d'un énoncé affirmatif auquel est apposé quelque chose du type «non!». Ensuite, une fois l'opération maîtrisée, l'opérateur retrouvera sa place dans l'énoncé (celle-ci n'étant jamais fortuite). «Ferme la porte / pas» deviendra «(ne) ferme pas la porte!».

Dans l'observation que l'on va étudier maintenant, Michaël se reprend pour mieux s'expliquer et on peut observer la place de «encore» dans les deux derniers énoncés. Ces trois énoncés sont structurés de façon de plus en plus complexe, Michaël tenant à marquer plus d'opérations et mieux, de façon à être bien compris. Par opposition, on se reportera à l'observation 171 où il se fâche de plus en plus et où ses énoncés au contraire sont de plus en plus simples; il «perd ses moyens» linguistiques:

```
Obs.172  MI(3,7)  22/3/80:

MI fait un petit spectacle, nous applaudissons trop tôt

- chutez! ne frappez plus! (-)
  ne frappez pas encore parce que j'/e/ pas gagné
  encore (-)
  faut pas frapper parce que j'/e/ pas encore gagné.

"gagné" = fini; lorsqu'un spectacle est fini, nous ap-
plaudissons, comme s'il avait "gagné"; d'où la confu-
sion; "chutez" formé sur "chut" = faites silence.
```

Dans le deuxième énoncé, l'opérateur «encore» est isolé et il est senti comme nécessaire aux deux énoncés qui sont liés ici (c'est autant «encore» que «parce que» qui relie ces propositions). Dans le troisième énoncé, «encore» est à la place attendue en français: dans un seul des deux énoncés, et intégré à celui qui le porte.

Pour ce qui concerne l'isolement dans l'énoncé, on se reportera donc à la négation et l'interrogation entre autres. Pour ce qui concerne la duplication de l'opérateur — qui est senti comme nécessaire à chacun des deux énoncés qu'il sert à lier —, on en trouvera un nouvel exemple avec «tandis que», dans cette observation de Michaël, absorbé dans son activité d'appropriation, autant du fait extra-linguistique (risque de chute du verre selon sa place) que de l'opérateur linguistique «tandis que»:

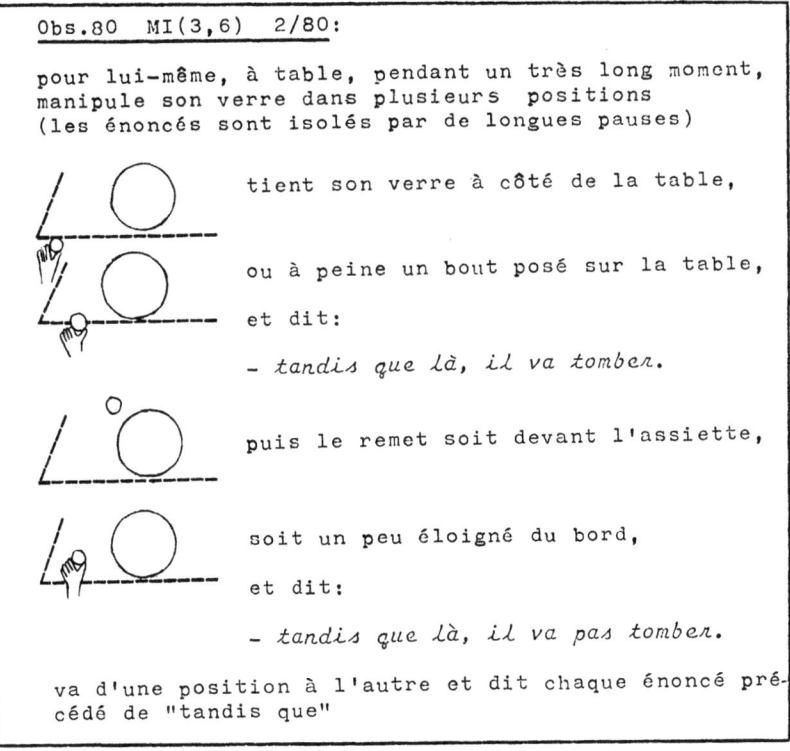

5. « Puisque c'est ainsi... comme c'est comme ça »

On trouvera rassemblées ici trois observations où un enfant a été amené à expliciter après avoir utilisé un opérateur. Il lui a donc trouvé un « équivalent » qui fait apparaître un système sous-jacent. Si « puisque c'est ainsi » de la chanson du Petit Prince est remplacé par « comme c'est comme ça » (voir plus loin), c'est que dans le système élaboré par l'enfant, « puisque » et « comme » sont en partie équivalents, se recouvrent en partie et qu'il en est de même pour « comme » et « ainsi ».

Voici l'observation 49. Il s'agit d'une explicitation intéressante et dont on peut trouver de nombreux exemples avec d'autres opérateurs : l'enfant, après avoir chanté longtemps une comptine sans hésiter sur les opérateurs qu'elle contient, « reconstruit » la signification de la comptine avec d'autres opérateurs :

```
Obs.49   DJA(5,5)   12/79:

elle chantait fréquemment et correctement la chanson
du petit prince (comptine pour égrener les jours de
la semaine)
        x (lundi) matin, le roi
        sa femme et le petit prince
        sont venus chez moi
        pour me serrer la pince
        mais comme j'étais parti
        le petit prince a dit
        puisque c'est ainsi
        nous reviendrons x+1 (mardi)

Pendant environ trois semaines, elle n'a pas chanté
cette chanson. Puis elle la "retrouve". Elle hésite
un peu à la fin:

        (...)
        mais comme j'étais parti
        le petit prince a dit
        (-) comme...c'est comme ça
        nous reviendrons mardi
```

Et en effet, la même justification est obtenue avec ce nouvel énoncé. Pour véhiculer une même information, on peut utiliser quantité de structures linguistiques :

propositions : (Q)   (P)
    je pris un parapluie, CAR   il pleuvait,   (Q, car P)
    je pris un parapluie, PARCE QU'il pleuvait,   (Q, parce que P)
                (P)   (Q)
        il pleuvait, ALORS je pris un parapluie,   (P, alors Q)
    PUISQU'il pleuvait,   je pris un parapluie,   (puisque P, Q)
    COMME il pleuvait,   je pris un parapluie...   (comme P, Q)

Chaque opérateur choisi implique une construction spécifique, des contraintes de construction particulières. Par exemple, dans le même contexte que les énoncés fictifs ci-dessus, on ne peut trouver :

   PUISQUE je prenais un parapluie, il se mit à pleuvoir.
        (puisque Q, P)

Ces opérateurs forment un système, ils sont interchangeables dans certains contextes. Chacun cependant implique une structure définie.

Donc, en retournant à l'énoncé analysé, il y a du « comme » dans « puisque » et du « comme » dans « ainsi » et si Djamila a « traduit » ainsi, c'est qu'elle a compris la signification de l'énoncé de départ («puisque c'est ainsi») même si elle ne le «trouve» pas ce jour-là.

Ce genre de reconstruction d'une comptine par les enfants est particulièrement instructif. En effet, l'enfant peut répéter pendant longtemps une construction sans pour autant la maîtriser et cette reconstruction — qui n'est tangible que lorsqu'elle aboutit à un autre opérateur que celui de départ — est la seule preuve que la structure est maîtrisée.

Pour ce qui concerne «comme» particulièrement, on remarquera les deux portées différentes de cet opérateur dans l'énoncé. Le premier «comme» «gouverne» l'énoncé entier (c'est comme ça), le second «gouverne» un mot (ça). Il existe de nombreux opérateurs qui peuvent prendre en charge à la fois un simple objet linguistique et un énoncé entier. Historiquement, c'est probablement des premiers emplois (gouvernant un objet linguistique simple) que les seconds ont été dérivés. Un opérateur qui, appliqué à un objet linguistique simple, produit une certaine signification, a pû ensuite prendre en charge une signification similaire au niveau de l'interdépendance des énoncés:

avant (demain),   il me faut finir ce travail;

avant (qu'il ne revienne),   il me faut finir ce travail.

Il est clair que lors de la production de l'énoncé analysé, «comme» étant prononcé immédiatement avant («comme j'étais parti»), il s'est trouvé «disponible», fraîchement en mémoire, pour remplacer «puisque» et «ainsi».

Quant à «ainsi», dont l'étymologie est obscure (Petit Robert: SIC + AIN origine obscure), on remarque qu'il peut effectivement être traduit par «comme ça». Il y a à nouveau sous-système où «comme» est plus général (il faut lui ajouter «ça» qui est inclus dans «ainsi»). «Ainsi» est plus complexe, il équivaut à «comme» + une opération supplémentaire.

Dans les deux observations suivantes également, un enfant a donné un équivalent à l'opérateur et nous «découvre» ainsi le système qu'il a élaboré:

```
Obs.462   MI(5,3)   12/11/81:

on vient de parler d'Armella, une camarade de classe
de MI:
```

Ad. - est-ce qu'il y'a une autre petite fille noire qui a des petites tresses toutes droites?

> Mi - ben, c'est Armella et sauf une autre...
> Ad. - et aussi une autre ?
> Mi - y'a que Armella qui a des cheveux comme ça et <u>aucune</u> autre fille.

(on se reportera également aux Obs. 459 et 463).

L'emploi de « sauf » à nouveau se présente comme dans un énoncé français ; c'est pourquoi il a fallu une explication. Celle-ci révèle de quoi « sauf » est équivalent pour Michaël, et ceci, malgré l'usage très approximatif qu'il en fait, montre que la signification en est comprise. Pour que « sauf » soit totalement maîtrisé, il manque encore certaines contraintes : ce qui est excepté au moyen de « sauf » est encore mal défini pour lui (le même phénomène a été vu plus haut avec « déjà », « encore », « aussi »...).

Dernière observation de cette partie, l'observation 505 donne une explicitation spontanée (c'est-à-dire que Djamila a elle-même senti le besoin d'expliciter) de « non plus » :

> Obs. 505 DJA(7,9) 23/4/82 :
>
> - il a dit "vous savez pas quoi", on a dit "non" et il a dit "ben moi non plus"... ça veut dire il sait pas aussi.

« non plus » = « pas aussi ».
On se reportera également à l'observation 234 où « beaucoup » est remplacé par « souvent trucs ». On trouvera facilement en observant les enfants des « équivalences » spontanées de ce genre. La restitution de chansons se révèle à cet égard très fructueuse.

6. « si que », « enfin que »...

Il existe dans le langage enfantin certains opérateurs qui n'ont pû être entendus dans l'entourage ; ils sont *créés* par les enfants. Voici tout d'abord un ensemble d'opérateurs créés selon le même procédé : l'emploi excessif de « que », par exemple « si que », « où que », « enfin que »...

Ils ne sont pas obligatoirement créés par l'enfant-même qui les utilise ; ils peuvent être repris d'autres enfants. Il existe ainsi tout un langage (que l'on pourrait éventuellement appeler LE langage enfantin français, si l'on garde toujours en mémoire que TOUS les enfants français ne passent pas par les mêmes étapes et LE même langage) dont certains mots simples et certains opérateurs sont spécifiques aux enfants et transmis d'une génération d'enfants à la suivante. De la même façon, on trouve des plaisanteries typiques de certains âges et qui sont transmises des enfants qui quittent une classe d'âge à ceux qui y arrivent. On considère néanmoins qu'il s'agit de créations enfantines pour deux raisons au moins :

- à l'origine, il ne s'agit pas d'un élément de la langue adulte ;

- ils sont repris par des enfants présentant une maturité linguistique précise à chaque fois (et non par des enfants de tous niveaux linguistiques ou par les adultes).

Dans les créations d'opérateurs par excès de « que », un opérateur qui gouverne un énoncé sans transformation ordinairement, est mis par l'enfant sur le même plan qu'un opérateur qui nécessite une transformation en « que » de l'énoncé pour le gouverner. Prenons « enfin » et « pendant » gouvernant un objet linguistique simple et gouvernant un énoncé contenant un verbe :

ENFIN :

- « enfin midi ! je commençais a avoir faim ! »

- « enfin ø midi sonne ! je commençais à avoir faim ! »

PENDANT :

- « pendant la lecture, les autres enfants devaient écouter »

- « pendant que l'un lisait, les autres enfants devaient écouter »

Si l'on veut introduire l'énoncé par « pendant », il faut d'abord le restructurer (le bloquer avec « que »), ce qui n'est pas nécessaire lorsqu'il domine un objet linguistique simple.

Pour « enfin », « que » n'est pas nécessaire.

On a ainsi deux grands groupes d'opérateurs de ce niveau. D'une part, ceux qui impliquent une transformation en « que » ou admettent les deux possibilités (ALORS, AVANT, PENDANT, APRES, ENCORE...) ainsi que ceux pour lesquels elle est à ce point indispensable qu'on ne les rencontre pas sans « que » (PARCE QUE, PUISQUE, TANDIS QUE...). D'autre part, ceux qui n'impliquent pas une telle transformation pour gouverner un énoncé (CAR, COMME, AINSI, ALORS, AUSSI...).

La transformation par « que » est un simple blocage d'un énoncé. Lorsqu'un énoncé est ainsi bloqué, ses éléments ne sont plus à analyser l'un après l'autre, l'un indépendamment des autres, pour comprendre une signification nouvelle; la signification qu'ils véhiculent est comme « préalable » au blocage. Prenons l'exemple suivant (cité par H. Adamczewski):

- la montagne est belle   chaque élément est à prendre en compte; information nouvelle,

- que (la+montagne+est+belle)!   l'information nouvelle de cet énoncé est apportée par « que » + ! (intonation).

Pour le deuxième énoncé, l'information entre parenthèses est déjà connue avant cet énoncé. Les éléments en sont liés dans une signification qui n'est que *reprise* ici, et dont on peut dire maintenant « que +! ».

On va maintenant voir certains exemples enfantins. Il y a assimilation entre opérateurs nécessitant et ne nécessitant pas la transformation.

enfin que, mais que:

```
Obs.54   DJA(5,5)   28/12/79:

montrant son habit; s'adresse d'abord à moi, puis à
sa grand-mère:

- enfin que j'allais oublier de l'enlever...mais que
  Mamie, elle me l'a dit
  tu penses bien à des choses, toi.
```

```
Obs.55   DJA(5,5)   29/12/79:

elle vient d'empêcher son frère de tomber et nous
explique:

- enfin que j'étais là, parce que il s'est pas fait
  mal. comme ça, je l'ai ramassé.

("ramassé" = retenu;
 "comme ça"= puisque j'étais là)
```

L'enchaînement le plus clair du point de vue de la description de ce qui s'est passé est celui-ci: Z (il s'est pas fait mal), parce que P (j'étais là) et que Q (je l'ai retenu).

Mais Djamilia ne venait pas simplement faire un compte-rendu d'un fait, elle venait en fait nous parler de son rôle à elle dans la situation. Il est donc logique que la première proposition soit P (j'étais là), provoquant un bousculement des propositions. Ceci est d'autant plus naturel qu'"intéressée à cette période par «enfin que», elle est constamment prête à l'utiliser. L'enchaînement produit n'est pas totalement contrôlé par Djamilia. Toutes les propositions et opérateurs qu'elle voulait utiliser le sont effectivement mais il est trop difficile pour elle dans ce contexte, de réorganiser son discours au fur et à mesure de l'apparition des opérateurs et donc de produire la combinaison de propositions requise par ceux-ci, bien qu'elle en soit capable.

```
Obs.64   DJA(5,6)   1/80:

renverse son verre et s'écrie:

Dja - ah, enfin qu'il était vide!
Ad. - heureusement! heureusement qu'il était vide.
      c'est pas enfin; c'est heureusement.

DJA ne reprend pas la correction proposée et réem-
ploie systématiquement "enfin que" ensuite.
```

Dans cet échange, j'ai «corrigé» Djamilia. En effet, cet opérateur me troublait depuis quelques temps et c'était la première fois que «heureusement que» me venait à l'esprit pour produire la signification que Djamilia attribuait à «enfin que». Remarquons qu'il n'avait pas cette signification au début de l'intérêt pour «enfin que» (voir Obs. 54). J'ai repris cette proposition quatre à cinq fois dans le mois qui a suivi (Djamilia utilisait «enfin que» très souvent) mais elle n'a jamais «accepté» ce remplacement. Soit elle considérait que «enfin que» était seul capable de produire la signification recherchée; soit mes corrections successives l'ont renforcée dans l'idée que «enfin que» était approximatif et devrait être rejeté au profit d'un autre opérateur, mais «heureusement que» ne lui semble pas convenir.

Quelques semaines plus tard, «enfin que» n'apparaît plus dans les énoncés de Djamilia. Il n'a pas été remplacé par «heureusement que».

autres exemples: «si que», «à cause que»:

si que:

```
Obs.141   MI(3,7)    15/3/80 :

réf. "faire le clown" = ne pas être sage.
Mi  - (1) si tu fais le clown, j'te donne pas un
       bonbon!
Ad. - oh ?
Mi  (éxagérant les mimiques d'un adulte fâché)
    - (2) et si tu fais pas le clown, j'te donne...
       si que ...si que... si que tu fais pas le clown..
       (réfléchit)
Ad. - ...si je fais pas le clown, tu me donnes un
       bonbon ?
Mi  - ouais, si tu fais pas le clown, j'te donne un
       bonbon.
```

à cause que:

```
Obs.395  DJA(6,9)   24/4/81 :

- mon front est tout chaud (-) à cause que j'boyais
  du lait.
```

Notons que «à cause» gouverne un objet linguistique complexe bloqué par «de», avec une signification similaire à celle obtenue par «PARCE + blocage en QUE». Il semble naturel qu'il y ait glissement de l'un à l'autre.

On trouve encore des exemples avec «maintenant que». On trouve également des constructions en excès de «de» et non plus de «que», qui semblent cependant moins fréquentes. Voici un exemple entendu chez Karen, d'environ 10 ans (utilisation très fréquente de «de sinon») :

  - «fais pas ça, DE SINON tu t'feras disputer!»;

on pourrait également trouver «que sinon» dans le même énoncé, où «sinon» suffit en français.

Remarquons que l'on trouve des opérateurs présentant un excès de «que» dans la langue populaire, particulièrement avec «à cause que» (par confusion avec «parce que»). Voici deux exemples entendus :

  - «où que tu vas?»,
  - «comment que j'dirais?».

Il s'agit dans ces exemples comme dans les opérateurs enfantins, d'une construction qui évite l'inversion sujet-verbe :

- tu vas où?
- où que tu vas?
- où vas-tu?
- comment dirais-je?
- comment que j'dirais?».

L'inversion représente un bouleversement de l'énoncé de base; le blocage par «que» permet de l'éviter.

Dans les observations enfantines analysées plus haut, il ne s'agit pas du même phénomène. D'un côté (langue populaire adulte), on évite une inversion par blocage par «que». De l'autre (langage enfantin), des opérateurs ne nécessitant pas une préconstruction de l'énoncé par «que» sont assimilés à d'autres nécessitant un tel blocage.

7. Agglutination / non dissociation

Un nouvel ensemble d'opérateurs originaux du langage enfantin est obtenu par la production d'affilée de plusieurs opérateurs, là où un seul suffit en français.

A d'autres niveaux d'organisation du langage, on retrouve ce phénomène. On rencontre par exemple fréquemment des comparaisons ainsi formulées :
- «oh, c'est *pareil comme* l'autre»
- «celle-là, elle est *comme pareil* celle-là».

Sylvio, aux alentours de 4 ans, disait systématiquement en un bloc unique, qui a été repris par tout son entourage pendant longtemps par complicité avec lui :

«*pareil les même les deux*».

Voici en illustration l'observation 119 :

```
Obs.119   MI(3,7)   11/3/80:
une lionne dans une page intérieure d'un livre lui
rappelle celle de la couverture; à partir de (1),il
feuillette le livre pour retrouver la première lionne,
la recherche n'est pas tendue, il s'amuse en même temps
```
- *c'est une lionne comme pareil. la lionne, celle-là, elle a la queue comme celle-là (1)...ah ouais... vrai, ça, c'est pareil que...comme que...comme... comme... que... que... ça!*

Il s'agit d'opérations visant une même signification, mais impliquant chacune un contexte différent. Il en est de même dans «ou soit» de l'observation 336:

Obs.336   DJA(6,8)   24/3/81:

parle de sa composition de récitation à l'école:

- *y'avait des papiers et on prenait ou soit la fourmi ou soit un papillon ou soit... et on récitait c'qu'y'avait marqué dessus le papier.*

Avec l'ensemble d'observations 308 («et ben en plus maintenant»), 317 («et en plus maintenant») et 396 («et ben maintenant»), on assiste au même phénomène. Une partie de la signification de «et» est de marquer la conséquence ou la conclusion d'une série; en ce sens, «maintenant» (par opposition à un avant virtuel dans l'énoncé précédent), «et ben» et «et plus» sont redondants de «et» et redondants entre eux.

Obs.308   MI(4,7)   9/3/81:

notre réveil est assez particulier; si on le heurte, il part à l'envers, il suffit de le cogner à nouveau pour qu'il reparte dans le bon sens:

- *papa! le réveil, il avait tourné à l'envers, et ben en plus, j'suis fort, maintenant il retourne à l'endroit.*

Obs.317   MI(4,7)   14/3/81:

- *j'avais pas envie d'boire et en plus (-) maintenant (-) j'ai envie d'boire.*

Obs.396   DJA(6,9)   24/4/81:

Dja - *tu sais Domi, j'ai beaucoup (-) pas maché (-) d'ce côté-la à cause de mon aphte...*
Ad. - *quoi?*
Dja - *bon! quand j'avais mon aphte, tu t'rappelles? bon, j'ai pas maché d'ce côté-là, et ben maintenant, ça m'fait mal d'mâcher d'ce côté-là.*

Parfois au contraire, il s'agit plutôt d'une non-dissociation d'opérateurs à significations différentes, en partie tout au moins.

On a vu le rapprochement que l'on peut faire entre «encore» et «déjà». Chez un locuteur wallon adulte, «encore déjà», «déjà encore» ou «encore assez» sont systématiquement présents simultanément dans les énoncés, jusqu'à des constructions comme celle-ci:
- «t'as pas encore déjà assez de réflexes pour conduire en ville».

(voir encore l'observation 84).

L'observation 276 présente une agglutination / non-dissociation intéressante «parce que et ben sinon»:

```
Obs.276   MI(4,6)   5/2/81:

raconte l'histoire de Frérot et Soeurette (voir Obs256)
le passage souligné est dit d'une voix chuchotée, com-
me la rivière parle sur la cassette:·

- la soeurette, elle a dit / ne bois pas, parce que,
  et ben sinon, tu seras métamorphosé en chevreuil.
```

Enfin le dernier énoncé analysé ici:

```
Obs.470   DJA(7,4)   16/11/81:

DJA ne veut plus écrire 7 comme en France (soit,avec
une barre au milieu 7) mais seulement comme à l'école
américaine, soit 7. Elle n'admet pas que 7 soit un 7:
pour me prouver que je me trompe; elle décompose ainsi
la formation du 7 (en écrivant au fur et à mesure):

- je fais ça ⁻ et si je faisais ça / et que jamais
  après tu faisais ça - (l'ensemble des traits a for-
  mé un 7 à la française), tu croirais que c'est
  un 7, toi?
```

Cet énoncé est particulièrement complexe. Il y a d'abord l'enchaînement logique correct des 3 propositions:
    P: je fais ça —,
    Q: je faisais ça /,
    R: tu ferais ça-.
    «(P) *et si* (Q) *et que jamais après* (R), *alors...*»
                                     et ben...
                                       etc...

Chaque opérateur choisi pour gouverner une proposition implique une structuration préalable de celle-ci. Pour les trois propositions de cet énoncé, la préstructuration telle qu'elle apparaît dans le verbe est conforme à ce qui est attendu en français (avec la simple petite modification qui consiste à mettre un temps du dire dès la première proposition sans doute — mais « je fais ça » au présent et les deux propositions suivantes à un temps du dire, formant comme un bloc sur lequel porte la discussion, est tout à fait plausible) :

Ø + présent,
et si + imparfait,
et que + conditionnel.

Ensuite, on trouve la présence simultanée de deux opérateurs visant la même signification et donc redondants :

« et » et « après » pour introduire la proposition R.

Enfin, on trouve non-dissociation de deux opérateurs de significations différentes mais qui existent ailleurs associés en une signification nouvelle, « si » et « jamais », qui associés donnent à l'énoncé un caractère improbable (« si jamais tu refais ça... »).

En général, on évite de marquer de trop nombreuses opérations en même temps dans un même énoncé. Si l'on veut construire une signification du type analysé, on marquera l'enchaînement de propositions (avec « et », « et après », « puis »...) et l'irréalité (avec « si »). On ne marquera pas en même temps l'enchaînement, l'irréalité ET un caractère de cette irréalité (l'improbabilité).

Avec la construction « et que jamais après », on se trouve donc en présence d'une construction plus complexe que ce qu'un adulte produirait. L'enfant tente de faire signifier plus que ce qu'un même énoncé peut actuellement prendre en charge.

Avec ce dernier exemple, il est agréable de conclure en montrant que le langage enfantin peut être tout le contraire d'une simplification du langage ambiant, comme on le croit souvent et que, dans ses stratégies originales pour créer des significations, l'enfant ose parfois plus que ce que nous osons.

NOTES

[1] Exemple entendu au séminaire de H. Adamczewski.
[2] Rappelons l'étymologie de «AUSSI» (Petit Robert): ALIUD (= autre) + SIC (= ainsi); soit: «pour un autre, il en est ainsi».
[3] Rappelons l'étymologie de «DEJA» qui rend son rôle plus clair: DEJA = DE (dès) + JA (= maintenant); donc: «dès maintenant», «dès aujourd'hui», «dès à présent»...

Conclusion de la deuxième partie

Nous voici au terme de cette seconde partie. D'un côté, elle a permis de présenter l'architecture générale du français et, de l'autre, de montrer, par le biais des «fautes» caractéristiques des enfants, l'appropriation de cette langue.

Côté architecture de la langue, on a d'abord vu les OBJETS LINGUISTIQUES SIMPLES que l'on peut rapidement assimiler aux «mots» du lexique. Outre ces objets simples, les énoncés contiennent ce que l'on appelle souvent les «mots grammaticaux» ou «marques grammaticales». Dans notre conception du langage — qui vise à décrire la CONSTRUCTION des énoncés et non, seulement, les énoncés eux-mêmes — ces marques grammaticales sont comprises comme les traces des OPERATIONS de construction des énoncés. Ces traces sont appelées opérateurs ou métaopérateurs: «à», «de», «enfin», «puisque», «d'ailleurs»... et toutes les marques terminales des substantifs, adjectifs et surtout, verbes.

Pour la commodité de la présentation, on a réparti les opérations en trois niveaux, selon ce qu'elles permettent de construire: les sous-énoncés, les énoncés, les groupes d'énoncés. Les opérateurs portant trace des opérations du premier niveau sont les articles, les déterminants du nom, les terminaisons «participe passé» et «infinitif» — auxquels on aurait pu ajouter la terminaison «participe présent» — et «à», «de», «que» — auxquels on pourrait ajouter «pour» particulièrement, et d'autres —. Avec ces opérateurs, on passe des objets linguistiques simples isolés, non insérés dans le discours, aux OBJETS LINGUISTIQUES COMPLEXES que sont les sous-énoncés.

A partir des objets linguistiques complexes, un ensemble d'opérations spécifiques permet de créer les énoncés. Le pivot principal de l'énoncé est le verbe, dont on a vu l'importance et la richesse dans le système linguistique du français. Il porte deux types de traces : l'accord avec le sujet grammatical de l'énoncé, et la marque «temporelle».

En ce qui concerne l'accord sujet-verbe, toute une nouvelle conception se fait jour depuis que E. Benveniste a bouleversé la représentation du système des pronoms et l'étude de ce point de vue peut être considérablement enrichie.

En ce qui concerne les marques «temporelles», on a vu la marque minimale, qui laisse à l'interlocuteur la plus grande latitude pour l'interprétation de l'énoncé; puis les marques du «passé» avec la distinction «imparfait»/«passé simple». On a alors pû sentir qu'en dehors d'une référence à la chronologie extra-linguistique, le «temps» grammatical fait référence à une hiérarchie inter-énoncés; l'imparfait particulièrement place l'énoncé dans le domaine métalinguistique (discours centré sur d'autres discours et non plus sur la réalité extra-linguistique). On a alors vu rapidement un problème d'acquisition fréquent : la confusion «imparfait»/«conditionnel». Puis, un dernier temps conjugué : le «subjonctif», qu'il faudrait étudier plus systématiquement avec l'«infinitif» dont il est le pendant dans le système des temps conjugués.

Enfin, on a vu deux verbes particuliers, que la Grammaire Traditionnelle qualifie d'«auxiliaires» alors qu'ils sont toujours «principaux» : ETRE et AVOIR. Le système verbal du français présente d'autres verbes remarquables, particulièrement FAIRE (*faire* voir) qui a parfois un rôle de métaverbe, et ALLER (je *vais* lire); qui mériteraient l'un et l'autre de figurer dans cette présentation générale du français.

Ensuite, dans le troisième chapitre, ont été abordées les opérations qui portent sur les opérations du chapitre précédent. Elles visent à «parler» de la relation principale posée par l'énoncé et servent :

- à la limiter :	(Pierre)	*aujourd'hui*	(être absent)
- à la nier :	(Pierre)	*ne pas*	(être absent)
- à poser la question de son existence :	(Pierre)	*est-ce que?*	(être absent)
- à juger de sa probabilité ou de son utilité... :	(Pierre)	*pouvoir*	(être absent).

A nouveau, on a alors vu un problème particulier soulevé par l'acquisition; l'interrogation en «hein ouais que?», «pas vrai que?»...

Enfin, dans le dernier chapitre, on a vu quelques éléments des relations inter-énoncés. En effet, les énoncés ne sont pas isolés. D'une part, on tient compte des énoncés qui ont déjà été prononcés auparavant (on a alors des opérateurs comme «déjà», «encore», «aussi», «bien», «décidemment»...) et on a d'autre part, parfois besoin de plusieurs énoncés associés pour exprimer une idée complexe (on a alors des opérateurs d'organisation du discours comme «puisque», «alors que», «comme», «eh bien», «et puis», «d'ailleurs»...).

On a ici seulement abordé la présentation de quelques-uns de ces opérateurs, qui à nouveau forment système. Ce niveau d'organisation du discours est encore peu analysé (voir *Grammaire Linguistique de l'Anglais* et *Les mots du discours*). On a fait que le poser comme champ d'investigation, ce qui a déjà permis de remarquer certaines constructions systématiques lors de l'acquisition: «si que», «enfin que»...

Une langue est une construction de plus en plus complexe; des objets linguistiques simples aux sous-énoncés, puis aux énoncés, et, au-delà, aux groupes d'énoncés. A chaque niveau de construction, on trouve des opérations spécifiques pour élaborer des significations. Ces opérations spécifiques forment des systèmes que l'enfant doit repérer et s'approprier. C'est à cet ordre de difficultés-là que l'enfant est confronté lors de l'acquisition de sa langue maternelle. Les fautes qu'il fait ne sont pas seulement l'indice qu'il ne maîtrise pas la totalité du système; elles sont surtout la preuve qu'à chaque fois, un pan entier du langage est devenu sien.

Conclusion générale

Les nombreux exemples de ce livre ont permis d'entrevoir le travail accompli par l'enfant pendant les années d'appropriation du langage. On a vu dans la première partie ce qui est le plus visible de cette intense activité : les jeux et la réflexion centrés sur le langage.

C'est peut-être la «sur-utilisation» qui frappera le plus le lecteur lorsqu'il retournera, une fois le livre refermé, à l'observation des enfants. C'est en effet un aspect remarquable de l'appropriation que ce besoin de mettre en scène constamment, d'utiliser au maximum, de tester dans tous les contextes possibles l'élément qui a attiré l'attention de l'enfant. C'est pour l'observateur un bon indice que «quelque chose se passe», mais pas plus la sur-utilisation que naguère l'imitation ne suffisent à décrire l'acquisition. Il s'agit tout au plus d'un indice.

Les bons mots d'enfants, rapprochés des jeux et réflexions sur le langage, prennent une autre dimension que celle de simples anecdotes à conserver dans les albums de famille. Ils peuvent nous apprendre beaucoup sur ce que l'enfant maîtrise de sa langue; à condition de dépasser le simple amusement et de s'interroger sur ce qui l'a provoqué chez nous. Ainsi peuvent être confrontés deux «stades» dans l'élaboration des grammaires internes, celui de l'enfant et celui de l'observateur. Ils sont aussi bien sûr une source d'émotions nouvelles; c'est pourquoi les poètes envient aux enfants leurs «bruit transparent»[1] et autres «étoiles d'araignée»[2].

La seconde partie du livre a permis d'entrevoir le travail qui a lieu *en profondeur*: l'élaboration de stratégies pour signifier toujours plus. Le plus important de ce travail nous est inaccessible et nous ne pouvons que le reconstruire en prenant pour étapes les énoncés produits par l'enfant. Mais c'est néanmoins ce travail-là qu'il faut aujourd'hui mettre en évidence. Il nous renseignera avant tout sur l'enfant et sur sa créativité appliquée au domaine linguistique.

Mais il nous renseignera aussi beaucoup sur le fonctionnement de la langue elle-même. En effet, l'enfant suit une progression motivée, il passe d'une opération à la suivante — ou plus vraisemblablement, d'un niveau d'opérations au suivant —, nous donnant un nouvel éclairage sur l'architecture de la langue.

L'enfant est celui qui, par ses créations insolites — ses «hein ouais que»[3], ses «et si jamais après»[4], ses «enfin que»[5] ou ses «mensongeurs»[6] —, nous force à regarder la langue avec un œil neuf, à reconsidérer ce que l'on croyait établi. Il introduit l'insolite dans la langue et en ce sens, peut apporter une contribution non négligeable à la connaissance du langage.

Enfin, la parole enfantine, de même que la langue populaire, est un lieu de mouvement de la langue, un lieu où elle s'autorise plus qu'ailleurs (à l'écrit par exemple): un lieu donc où on peut en admirer plus de facettes et en comprendre plus de possibilités.

OBSERVATIONS

[1] Obs. 249
[2] Obs. 209
[3] Obs. 345
[4] Obs. 470
[5] Obs. 54, 55, 64
[6] Obs. 266

Bibliographie

ADAMCZEWSKI, H., *BE + ING dans la grammaire de l'anglais contemporain*, Thèse, Presses Universitaires de Lille, 1978.
— *Grammaire Linguistique de l'Anglais*, A. Colin, 1982.
ADAMCZEWSKI, H. & KEEN, D., *Phonétique et phonologie de l'anglais contemporain*, A. Colin, 1973.
BENVENISTE, E., *Problèmes de linguistique générale*, NRF, 1966.
BERTHOU-PAPANDROPOULOU, I., *La réflexion métalinguistique chez l'enfant*, Thèse, Genève, 1980.
BREDART, S. & RONDAL, J.A., *L'analyse du langage chez l'enfant*, Mardaga, Bruxelles, 1982.
BROWN, R., *A first language*, Allen, 1973.
BRUNER, J.S., *Le développement de l'enfant : Savoir faire/savoir dire*, PUF, 1983.
CHOMSKY, N., *Le langage et la pensée*, Payot, 1968.
— *Problems of knowledge and freedom*, Fontana, 1971.
Communication, Language and Meaning, Ed. MILLER, G.A., Harper, 1973.
CULIOLI, A., Transcription du séminaire de DEA, 1975/1976 : *Théorie des opérations énonciatives*, PARIS VII.
DUCROT, O., *Les mots du discours*, Ed. de Minuit, 1980.
La génèse de la parole, coll., PUF, 1977.
GUBA, E.G., *The search for truth : naturalistic inquiry as an option*, Chicago (conférence), 1982.
GUILLAUME, G., *Langage et Sciences du langage*, Nizet & Laval, 1973.
GUILLAUME, P., *L'imitation chez l'enfant*, PUF, 1926.
— *La formation des habitudes*, PUF, 1936.
HALIDAY, M.A.K., *Explorations in the functions of language*, Arnold, 1973.
— *Learning how to mean : exploration in the development of language*, Arnold, 1975.
JAKOBSON, R., *Essais de linguistique générale*, Ed. de Minuit, 1963.
— *Langage enfantin et aphasie*, Ed. de Minuit, 1941.
— *Six leçons sur le son et le sens*, Ed. de Minuit, 1976.

LAFONT, R., *Le travail de la langue*, Flammarion, 1978.

MAC NEILL, D., *The acquisition of language: the study of developmental psycholinguistics*, Harper, 1970.

Métalangue naturelle, nombreux articles du CRELINGUA, dans les revues: *CONTRASTES* 2 (1981), *TREMA* 8 (1983), *TEXTES DU CRELINGUA* (PARIS III — 1980 et 1983).

OLERON, P., *L'enfant et l'acquisition du langage*, PUF, 1979.

OMBREDANE, A., *L'aphasie et l'élaboration de la pensée explicite*, PUF, 1951.

PIAGET, J., *La formation du symbole chez l'enfant*, Delachaux et Niestle, 1973.

— *La représentation du monde chez l'enfant*, PUF, 1926.

Psycholinguistique, n° spécial de la revue BULLETIN DE PSYCHOLOGIE, n° 5-9, 1972/1973.

SINCLAIR, H., *Acquisition du langage et élaboration de la pensée explicte*, Dunod, 1967.

TAULELLE, D., *Fonction poétique et fonction métalinguistique dans le langage enfantin*, Thèse, PARIS III, 01/1983.

TRAN DUC THAO, *Recherches sur l'origine du langage et de la conscience*, Ed. Sociales, 1973.

WALLON, H., *De l'acte à la pensée*, Flammarion, 1970 (1942).

— *Lecture de Wallon*, Ed. Sociales, 1976.

WEIR, R., *Language in the crib*, Mouton, 1962.

YAGUELLO, M., *Alice au pays du langage*, Seuil, 1981.

Annexe

CORPUS D'OBSERVATIONS

Les observations reproduites ici sont extraites du corpus de base de ma thèse de 3e cycle. Il s'agit d'énoncés produits spontanément en diverses circonstances de la vie quotidienne, par mes deux enfants entre 2 et 6 ans (Djamilia et Michaël); divers petits amis; Clara, entre 17 et 20 mois, fille de mon amie Blandine Bril. On trouve également un ensemble d'énoncés recueillis en crèche, produits spontanément également par des enfants entre 15 et 36 mois.

Tous ces énoncés ont été recueillis sous forme de notes manuscrites, reproduisant pauses et hésitations, indiquant le contexte qui, bien souvent, est déterminant dans la compréhension de ce que dit l'enfant. Ils ont été notés pour leur caractère remarquable en fonction d'une théorie linguistique que l'on trouve exposée dans la seconde partie du livre; ou pour leur caractère de manipulation ludique, poétique ou réflexive in se, de mots et opérations du langage. Il ne s'agit à aucun moment de productions provoquées; le but de l'observateur étant tout autant de découvrir les stratégies spontanées d'acquisition des enfants que... d'avoir des relations «naturelles» avec eux!

Voici quelques abréviations utilisées dans le texte des observations; ainsi que les phonèmes de l'Alphabet Phonétique International dont la lecture n'est pas évidente. Cet alphabet a été utilisé pour la transcription des énoncés des plus jeunes enfants, ou d'enfants plus âgés lorsque la transcription orthographique impliquait une interprétation trop hâtive (ex.: /e/ pour «ai», «es», «est», voir p. 120):

Ad. = adulte
F.O. = Français oral
F.E. = Français écrit

la série des « e »:
/e/ = é de « été »
/ɛ/ = « è » de « fait »
/ə/ = e de « je »
/ø/ = « e » de « feu »
/œ/ = « e » de « sœur »

les nasales:
/œ̃/ « un »
/õ/ « bon »
/ɛ̃/ « vin »
/ã/ « blanc »

quelques consonnes:
/ʒ/ = j de « je »
/g/ = g dur « garage »
/k/ = k de « qui »
/s/ = ss de « poisson »
/z/ = s de « poison »
/ʃ/ = ch comme « château »

quelques voyelles:
/y/ = « u » de « tu »
/u/ = « ou » de « jour »
/ɔ/ le seul « o » retenu ici

trois semi-voyelles:
/ω/ = « voilà » = /vωala/
/ɥ/ = « suis » = /sɥi/
/j/ = « soleil » = /sɔlɛj/

Cette liste, établie pour faciliter la lecture phonétique des lecteurs non spécialistes, ne laisse pas apparaître un trait pourtant fondamental des phonèmes d'une langue: c'est le fait qu'ils forment système. Un nombre très limité de traits distinctifs (caractères aigu, compact, strident, voisé...) permet, par combinaison selon certaines règles, de construire les 36 phonèmes du Français[1]. Ces phonèmes, combinés selon certaines règles propres au Français, permettent l'articulation des mots du Français, qui, combinés selon de nouvelles règles, permettent de construire énoncés et groupes d'énoncés. Du phonème au groupe d'énoncés, des opérations en nombre réduit permettent des combinaisons très nombreuses. Pour approfondir, on se reportera aux deux ouvrages suivants:

ADAMCZEWSKI, H., *Phonétique et Phonologie de l'Anglais Contemporain*, A. Colin, 1973 (qui traite longuement du Français)
MALMBERG, B., *La Phonétique*, coll. « Que sais-je? », 1954.

NOTE

[1] Lettres et phonèmes ne se recouvrent pas. Il y a 36 phonèmes en Français et 26 lettres. Une lettre représente parfois plusieurs phonèmes (ex: la lettre « o » permet la transcription graphique des 2 sons: / / et /o/ et entre dans la graphie du nasal /õ/); à l'inverse, il arrive qu'un son ait plusieurs graphies (ex: / / = « o », « au », « aux », « eau », « eaux »...).

Obs.1   DJA(2,9)   4/77:

Ad. - *tu veux un p'tit peu de pâtes?*
Dja - *je veux pas un p'tit peu de pâtes.*
Ad. - *alors, t'en veux beaucoup?*
Dja - *non! je veux rien du tout comme pâtes.*

Obs.4   DJA(3,10)   22/5/78:

réflechit sur les mots *tennis* et *baskets* pour désigner les chaussures de sport (nous utilisons les deux termes bien qu'il n'y ait que des *tennis* à la maison). elle sait que la différence est une question de hauteur (incluant ou non la cheville):

- *les baskets, c'est les plus basses.*

(cette réflexion était non sollicitée)

Obs.5   DJA(3,10)   22/5/78:

raconte son rêve:

- *j'étais tombée dans l'eau et puis j'ai nagé et puis j'étais maquillée en poisson...*

Obs.6   FEL(4,2)   9/78:

Ad. - *regardez, ça se casse en petites boules, cette boîte; c'est du polystyrène.*
Fél (vers l'adulte)
    - *ouais, ben moi, ma maman, elle a horreur du polystyrène.*
Dja (vers Fél)
    - *qu'est-ce t'as dit à ma maman?*
Fél - *j'ai dit que ma maman avait horreur du polystyrène.*

Obs.7   DJA(4,6)   1/79:

dans l'idiolecte familial, on utilise fréquemment le préfixe RE- (t'en reveux? Tu refais ça..)

- *là, je rebois mon lait*

Obs.9   DJA(4,6)   1/79:

Dja a mis le pyjama de son cousin Loïs:

Ad. - *on dirait Loïs!*

un peu plus tard:

Dja - c'est vrai qu'on me dirait Loïs. Alors moi, je dis que je m'appelle Loïs.

Obs.10   DJA(4,6)   1/79:

à partir de "adidas", nom de marque de chaussures de sport (terme par lequel nous désignons ces chaussures) et "godasse", terme d'argot qu'elle entend également et qui désigne n'importe quel type de chaussures (avec une légère nuance dépréciative non encore repérée par Dja):

- *où elles sont, mes adigodasses?*

et rit beaucoup.

Il s'agit seulement d'une combinaison de termes valant pour "chaussures", non d'une création de type "vieilles adidas, adidas usées..."
"adigodasse" a totalement remplacé "adidas" dans le lexique familial pendant plus de 2 ans. Le retour à "adidas" s'est fait pour être compris des personnes extérieures à la famille (copains, école..)

Obs.12   DJA(4,6)   2/1/79:

en voiture

Dja - papa, tu d'vrais mettre ton abritage de soleil
Ad. - oh non, parce que le soleil vient sur le côté et il me gêne pas
Dja - ah bon! parce que je vois un peu de soleil qui brille sur une voiture

---

Obs.13   DJA(4,7)   2/79:

- *on mange pas que, hein? on boit aussi.*

Obs.17   MI(2,6)   2/79:

emplois très fréquents (en me désignant à des amis)

- *c'est mon la mère!*

Obs.19   MI(2,6)   2/79: (série d'exemples)

   MI veut rester éveillé, l'Ad. ne veut pas

Ad. - oh non!
Mi - c'est pas / oh non !

*

Ad. - il faut dormir maintenant
Mi - c'est pas / dormir

*

Ad. - allez, il faut dormir
Mi - mais non, pas / dormir

*

Ad. - eh! c'est l'heure de manger
Mi - non pas manger

* Au coucher
Mi - la lumière, s'il te plaît!
Ad. - y'a pas besoin d'lumière. C'est noir.
Mi - c'est pas / noir
Ad. - si, c'est noir. C'est l'heure de dormir.
Mi - non pas dormir. c'est pas / noir

*

Ad. - éteinds la lumière, Michaël
Mi - éteinds la lumière / pas
Ad. - si! y'a pas besoin d'lumière
Mi - si! y'a besoin la lumière
Ad. - non, il fait noir maintenant
Mi - c'est pas noir

Obs.20 MI(2,6) 2/79:

l'adulte montre successivement chaque serviette d'une pile de quatre pour que MI choisisse celle qu'il veut

Ad. - laquelle tu veux? celle-là?
Mi - non, c'est pas ça!
Ad. - ...celle-là?
Mi - non, c'est pas ça!
Ad. - ...celle-là?
Mi - non, c'est pas ça!
Ad. - celle-là alors?
Mi - oui! ça, c'est mon laquelle!

MI n'emploie jamais "laquelle" spontanément.

Obs.24 DJA(4,7) 2/79:

essaie un nouveau manteau, vient me voir:

- t'as vu? il a une fermeture éclair, le manteau. alors, à l'école, quand je voudra l'enlever, je l'ouvertra la fermeture éclair.

> **Obs.25 DJA(4,7) 2/79:**
>
> demande à l'adulte qui vient d'apporter les cacahouèt-tes :
>
> — *s'il te plaît, tu peux me donner une par une comme cacahouette ?*

> **Obs.26 DJA(4,7) 2/79:**
>
> — *pourquoi tu veux pas qu'j'en avoille ?*
>   /kʒɑ̃navwaj/

> **Obs.29 FEL(4,7) 2/79:**
>
> Chaque fois qu'on lui coupe la parole, DJA est fâchée, pleure qu'on lui a "fait perdre sa phrase"
> FEL commente en s'adressant à l'Ad.
>
> — *moi aussi, quand j'oublie c'que je fais...quand je fais...quand j'fais pas c'que j'ai à dire...ben, j'pleure pas!*

> **Obs.30 MI(2,10) 6/79:**
>
> Au square, une maman algérienne parle assez vivément à ses enfants, en arabe. MI a arrêté son jeu et l'a observée un moment. Lorsqu'elle a fini et s'est à nouveau assise, MI vient vers moi et dit doucement en la regardant:
>
> — *elle parle n'importe comment*

> **Obs.32 DJA(4,11) 6/79:**
>
> — *j'ai vu un canard ici une fois. il nous éclaboussait, alors on riait de joie, nous ..il nous éclaboussait*
>   /Rije/
>   *tout, c'était rigolo, c'est pour ça qu'on a "riait"*
>   /Rije/
>   *de joie, nous*

> **Obs.36 MI(3,0) 8/79:**
>
> joue à "l'eau" (un de ses grands plaisirs) debout devant l'évier; l'eau coule du robinet dans une cuvette où flottent de nombreux objets pour transvaser, laver..

après un long jeu sans parler, se tourne vers moi, dit:

- *quand l'eau coule, et ben ça marche*

Obs.37 MI(3,0) 8/79:

s'est cogné, pleure

Ad. - *il faut pas pleurer, arrête, c'est pas grave*
Mi - *quand on pleure, et ben on pleure pas; quand on touche l'eau, et ben on touche pas l'eau*

Obs.39 DJA(5,3) 10/79:

Ad. - *alors, t'es arrivée en retard. t'en as quand même fait un peu/ d'gym?*
Dja - *j'en ai fait tiède*
Ad. (amusé)
   - *tiède?*
Dja (sérieusement)
   - *tiède, ça veut dire moitié*

Obs.43 MI(3,4) 12/79:

Mi - */ugad/! y'en a tout plus!*   (regarde)
Ad. - *mais si! y'en a encore...*
Mi - *non! y'en a pas / encore.*

Obs.44 MI(3,4) 12/79:

à propos de son yaourt, qui est déjà sucré

Mi - *maman, y'a pas encore de sucre*
Ad. - *y'a pas assez de sucre? t'en veux encore?*
Mi - *oui, y'a pas encore assez de sucre. pas encore assez.*

Obs.45 MI(3,4) 12/79:

Mi - *toi, t'es pas belle*
Dja - *t'es pas belle toi, comme tu m'as dit!*
Mi - *si, moi, j' /e/ belle!*

Obs.46 MI(3,4) 12/79:

désignant un enfant à peine plus jeune que lui:

- *i suis un bébé lui*

Obs.48 MI(3,4)DJA(5,5)FEL(5,5)   12/79 etc.:

dans le jeu qui consiste à signaler le changement des feux de la circulation, les enfants se mettent à dire les couleurs <u>réelles</u> et non plus seulement "rouge" ou "vert" ou "orange"
ces divers termes sont criés pour signaler le départ;

- *oh! celui-là, il est vert clair*
- *c'est rouge foncé!*
- *c'est vert clair!*
- *c'est presque bleu!*

<u>en 1/80</u>:
le feu rouge se reflète sur la chaussée dans une flaque d'eau. FEL était en train de chanter en inventant des paroles au fur et à mesure, elle intègre cet énoncé à sa chanson

- *une flaque de grenadine...*

à ce moment-là, les regards des trois enfants associent "flaque de grenadine", la flaque rouge et le feu du carrefour où nous arrivons:

Dja - c'est rouge grenadine! c'est une flaque...c'est un bouton grenadine

puis tous trois, aux feux suivants:

- *c'est vert menthe!*
- *sirop orange!*
- *ça, c'est du sirop d'citron* (les phares des voitures qui viennent vers nous)
- *des petites grenadines* (phares arrière des voitures qui nous précèdent)

Obs.49   DJA(5,5)   12/79:

elle chantait fréquemment et correctement la chanson du petit prince (comptine pour égrener les jours de la semaine)
    x (lundi) matin, le roi
    sa femme et le petit prince
    sont venus chez moi
    pour me serrer la pince
    mais comme j'étais parti
    le petit prince a dit
    puisque c'est ainsi
    nous reviendrons x+1 (mardi)

Pendant environ trois semaines, elle n'a pas chanté

cette chanson. Puis elle la "retrouve". Elle hésite
un peu à la fin:

> (...)
> *mais comme j'étais parti
> le petit prince a dit
> (-) comme...c'est comme ça
> nous reviendrons mardi*

Obs.51 MI(3,4) 23/12/79:

on s'apprête à partir, il n'y a pas d'énoncé avant:

- *et on attend...on attend que je sois fini... que
j' /ɛ/ fini.*

Obs.53 MI(3,4) 26/12/79:

à partir de (1), force sa voix

- *vous (-) des petits. moi, j' /ɛ/ grand. moi, la
maîtresse.
alors... (1) alors vous venez à l'école, les petits?*

Obs.54 DJA(5,5) 28/12/79:

montrant son habit; s'adresse d'abord à moi, puis à
sa grand-mère:

- *enfin que j'allais oublier de l'enlever...mais que
Mamie, elle me l'a dit
tu penses bien à des choses, toi.*

Obs.55 DJA(5,5) 29/12/79:

elle vient d'empêcher son frère de tomber et nous
explique:

- *enfin que j'étais là, parce que il s'est pas fait
mal. comme ça, je l'ai ramassé.*

("ramassé" = retenu;
"comme ça"= puisque j'étais là)

Obs.58 MI(3,5) 1/80:

MI chante une chanson qu'il connaît très bien, mais
par jeu, transforme la fin des vers:
la mélodie et le nombre de pieds sont conservés:

```
Ref.
Tombe tombe la pluie          tombe tombe la pluie
tout le monde est à l'abri    tout le monde est à l'abri
y'a que mon p'tit frère       y'a que mon p'tit chnou
près de la rivière            près de la p'tit chnou
pêchant du poisson            pêchant du p'tit chnou
pour toute la maison          pour toute la p'tit chnou

tout le monde rit et MI est très fier
```

Obs.60   MI(3,5)   1/80:

s'appuie sur un oeil

Ad. - eh! qu'est-ce que tu fais?
Mi - je fais l'arc-en-ciel

Obs.61   MI(3,5)DJA(5,6)   1/80:

mangent du pain grillé; les tartines ont, au départ, cette forme:

MI croque deux fois sans parler, obtient cette forme et dit

Mi - ah! j'vais manger mon parapluie, euh... mon arbre
Dja - oh! on dirait un champignon

elle croque son pain pour lui donner la même forme

Mi (tout content) - oh ouais!

Un peu plus tard, il reste très peu de la tartine de MI, il tient ce reste verticalement et dit:

- on dirait la lune!

DJA 1/80 exemple similaire:

à un adulte qui mange une banane

- oh, t'as vu? on dirait une hache...
  euh, le bord, tu vois? le rond d'une
  hache d'indien..

Obs.64   DJA(5,6)   1/80:

renverse son verre et s'écrie:

Dja - ah, enfin qu'il était vide!

*Ad. - heureusement! heureusement qu'il était vide.
c'est pas enfin; c'est heureusement.*

DJA ne reprend pas la correction proposée et réemploie systématiquement "enfin que" ensuite.

<u>Obs.65 BRU(3,1) 1/80</u>:

Bruno est un ami de MI; il reste parfois coucher à la maison (Ad1=moi; Ad2=Véra, la mère de Bruno). BRU demande à rester coucher ; comme je réponds oui tout de suite, l'attitude de Ad2 est modifiée (l'accord est obtenu, le reste n'est que politesse - il n'y a donc pas de tension -)

*Bru - je veux dormir chez toi!
Ad1 - moi, je veux bien
Ad2 - on dit pas comme ça. tu dis: je peux dormir
       chez toi, s'il te plaît?* (inton. éxagérée)
Bru - je peux?

les adultes rient:

*Ad2 - ça, c'est "peux", et "s'il te plaît" en même
       temps ?
Bru - je peuve...*

ce dernier énoncé est un essai timide auquel personne ne prête attention; la conversation continue sur autre chose.

<u>Obs.72 MI(3,5) 6/1/80</u>:

*Dja - tu [n'iras] pas!
Mi - si, je [n'iras]!*

<u>Obs.75 MI(3,5) 23/1/80</u>:

MI discute à propos d'une rallonge électrique dont une fiche est branchée dans la prise au mur; l'autre fiche n'est pas raccordée; MI cherche des yeux une autre fiche; en *(1)* , il en trouve une:

*- où il est, son copain?... je peux le rebrancher, oui?
(1) ah! c'est ça, son copain!*

et raccorde les deux fiches.

Obs.77 MI(3,6) 2/80:

répète fréquemment en touchant tous les objets qu'il voit (ressemble à une phase de nomination jubilatoire)

- *c'est ma pelle*
- *c'est ma voiture*
- *c'est ma /kyvjɛʀ/*   (pour "cueillère")

---

autre possessif particulier 2/80:

- *la pelle de moi chez Véronique*

Obs.78 MI(3,6) 2/80:

très fréquents:

- *vous boire le café ?*

Obs.79 MI(3,6) 2/80:

expression très courante:

- *qu'est-ce que c'est pour faire, ça ?*

---

autre exemple 12/3/80:

- *qu'est-ce que c'est pour faire, la peinture qu'est là ?*

Cette expression a été "adoptée" par DJA qui disait auparavant "c'est pour quoi faire?" mais a été amusée par "qu'est-ce que c'est pour faire?" En 5/82, à (7,10), elle l'utilise encore alors que MI l'a abandonné depuis longtemps.

Obs.80 MI(3,6) 2/80:

pour lui-même, à table, pendant un très long moment, manipule son verre dans plusieurs positions (les énoncés sont isolés par de longues pauses)

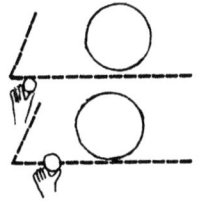
tient son verre à côté de la table,

ou à peine un bout posé sur la table,

et dit:

- *tandis que là, il va tomber.*

puis le remet soit devant l'assiette,

soit un peu éloigné du bord,

et dit:

- *tandis que là, il va pas tomber.*

va d'une position à l'autre et dit chaque énoncé précédé de "tandis que"

Obs.81   MI(3,6)   2/80:

au cours d'une promenade, regarde les branches nues des arbres:

- *t'as vu, y'a pas toutes les feuilles !*

soit "il n'y en a plus"

Obs.83   MI(3,6)   2/80:

montre la lame d'un couteau:

- *ah ça, ça se coupe, hein ? ouh la la !*

Obs.84   MI(3,6)   8/2/80:

Ad. montre un vase fragile - qui a déjà été ébréché -

Ad. - *attention, avec ton cerceau ! tu le casses pas, hein ?*
Mi - *ah non ! parce que...il /e/ déjà encore cassé.*

Obs.98   MI(3,6)   29/2/80:

Mi - j'vais tout bu...
Ad. (reprend en riant)
    - tu vas tout bu?
Mi (en riant)
    - j'vais boire tout.

Obs.100   MI(3,7)   3/80:

énoncés isolés:

- me tombe pas!
- oh! Bruno, il m'a tombé!
- quilli-moi ?

Obs.103   MI(3,7)   3/80:

DJA a bousculé MI lors d'un jeu et l'a donc "fait perdre"; MI se tourne (1) vers moi, en colère, puis (2) vers DJA:

- (1) il m'a perdu... (2) t'es fou de m'a perdu!

"m'a perdu" forme bloc, repris tel que dans la deuxième partie de l'énoncé.

Obs.105   DJA(5,8)   3/80:

- j't'ai dit ça pour pas que tu en /aj/; j't'ai dit ça, tu vas pas en /aj/, (-) en avoir.

Obs.107   MI(3,7)   1/3/80:

dans la reprise d'une chanson rapide (Petit bonhomme, à quoi joues-tu?), MI dit systématiquement:

Mi - mon bonhomme, à quoi je tu...
Ad. - à quoi joues-tu...
Mi (agacé par l'interruption)
    - oui, mon bonhomme, à quoi je tu!

Obs.108-A   MI(3,7)/DJA(5,8)   1/3/80:

DJA cache quelque chose dans sa main et demande:

Dja - devine ce que j'ai dans ma main, Michaël ?

MI propose plusieurs noms puis:

Mi - *j'sais pas* (/ʃɛpa/)
Dja - *mais dis encore*
Mi - *j'sais pas*
Ad. - *tu donnes ta langue au chat ?*

MI réfléchit puis donne sa bague (bleue) à DJA:

Ad. - *non! tu trouves pas, tu dis "je donne ma langue au chat"* (/lãgɔʃa/)
Mi - *la cochat ?* (/lakɔʃa/)
Ad. - *ma langue au chat...allez, Djami, dis lui c'que c'est. Michaël, quand tu sais pas, c'est la langue au chat*
Dja - *c'est une bille!*

Obs.108-B MI(3,7) 2/3/80(10h):

MI cherche une pièce de puzzle représentant une vache:

Mi - *y'a pas la langue au chat au vache*

"langue au chat" est synonyme de "absence"

Obs.108-C MI(3,7) 2/3/80(15h):

MI a perdu sa bague bleue depuis samedi soir, il l'a cherchée avec: *"où est la bague bleue?"* le dimanche matin (1/3/80), soit avant l'Obs.108-A:

Mi - *tiens! la voilà! ma langue au chat bleue! (-) donnée(-) c'est Dan qui me l'a donnée.*

lors de l'échange 108', la bague bleue a été associée fortuitement à "langue au chat" qui en est devenu le synonyme.

Obs.108-D MI(3,7)/DJA(5,8) 2/3/80(17h):

MI a à nouveau égaré sa bague bleue et se met à la chercher ainsi:

Mi - *ma langue au chat bleue ?*

"langue au chat" est devenu synonyme de "bague bleue" pour nous tous; quand MI dit "langue au chat", nous savons qu'il désigne la bague bleue.

DJA s'empare alors de ce mot-jeu et chantonne doucement pour elle-même:

> Dja - ma langue au chat bleue ?
>   la langue bleue,
>   ma langue bleue,
>   ma langue de toutes les couleurs,
>   j'ai une langue blanche,
>   une langue rouge,
>   une langue violet,
>   une langue bleu clair,
>   une langue bleu marine,
>   une langue pour toutes les choses,
>   une langue qui sait une chose,
>   toutes les langues qui "sait" toutes les choses.

Obs.108-E MI(3,7) 2/3/80(20h):

Mi - où est ma langue au chat ?

Ad. (estimant qu'il ne faut pas que MI continue à confondre)
 - c'est une bague, c'est pas une langue au chat.

Obs.111 MI(3,7) 4/3/80:

très fréquent :

- vous+a fini, vous ?
- vous+a pas fini, vous ?

Obs.114 MI(3,7)/BRU(3,3) 10/3/80:

BRU joue avec un tracteur-jouet où il y a une plate-forme pour conducteur (sans conducteur):

Mi - le monsieur, il peut monter là
Bru - mais y'en a pas de monsieur !
Mi - mais il peut monter un monsieur, regarde, là, l'escalier.
Bru - y'en a pas, d'monsieur.

chacun continue ses activités.

Obs.116 MI(3,7) 11/3/80:

Mi - non! même pas vrai!
Dja - si!
Mi - non, même pas vrai!
Dja - si, si, si!
Mi - même pas vrai!

voir Obs. 123 et 139.

Obs.119 MI(3,7) 11/3/80:

une lionne dans une page intérieure d'un livre lui
rappelle celle de la couverture; à partir de (1), il
feuillette le livre pour retrouver la première lionne,
la recherche n'est pas tendue, il s'amuse en même temps

— *c'est une lionne comme pareil. la lionne, celle-là,
elle a la queue comme celle-là (1)...ah ouais...
vrai, ça, c'est pareil que...comme que...comme...
comme...que...que...ça!*

Obs.123 MI(3,7) 12/3/80:

(voir Obs.116 sur l'utilisation habituelle de "même
pas vrai")

Mi — *si!*
Ad. — *non!*
Mi — *si!*
Ad. — *même pas vrai!*
Mi — *même vrai!*

par jeu, j'ai utilisé l'expression "même pas vrai"
qui est plutôt typique du langage enfantin; MI utilise ici pour la première fois, en réplique à Ad.,
"même vrai!".

Obs.124 MI(3,7) 12/3/80:

MI a créé un mot-jeu qui revient régulièrement,
"marimarsito", comme une interjection plus que comme un mot du lexique.
Il est devant une assiette de gâteaux, prend le ton
d'une comptine pour choisir celui qu'il veut (depuis
que l'assiette est posée, il sait très bien — et les
autres aussi — qu'il prendra celui au chocolat) ;
à chaque syllabe, pose le doigt sur un gâteau, puis
va au suivant. Il "force" un peu la comptine pour
que la dernière syllabe arrive sur le bon gâteau:

— *ma-ri-mar-si-to, c'est-du-cho-o-co-o-lat!*

Obs.134 DJA(5,8) 14/3/80:

Dja — *arrête de me dire ça, tu vas être gâteux! et
gâteux, ça veut dire être vieux avant de grandir*
Dan — *toi-même gâteux!*
Dja — *on dit pas "gâteux" aux filles, on dit "gâteuses"*

réf. les énoncés adultes du type "me fais pas répéter
150 fois, j'vais devenir gâteux!"...

Obs.136   MI(3,7)   15/3/80:

dix minutes après un petit incident survenu alors que j'étais absente, MI me raconte:

- *j' /e/ m'coincé les doigts dans la porte là et puis ça m'a fait mal et puis on a été dans le placard et puis on a mis la pommade*

Obs.139   MI(3,7)   15/3/80:

voir Obs.116 et 123; "même vrai" a été abondamment utilisé depuis Obs.123, mais on voit ici que MI continue à réfléchir à cette expression:

Mi   - *si!*
Dja   - *non!*
Mi   - *si!*
Dja   - *même pas vrai!*
Mi   - *si, même vrai!*

tout de suite après, au premier prétexte, j'exagère le jeu:

Ad.   - *si!*
Mi   - *non!*
Ad.   - *si! même vrai!*
Mi   - *non... même vrai, ça veut rien dire!*
Ad.   - *(-) ça veut dire "non"?*
Mi (tout bas) - *ça veut rien dire...*

Obs.140   MI(3,7)   15/3/80:

Mi me regarde écrire très rapidement 5 à 6 lignes de notes:

Mi   - *qu'est ce que tu fais ?*
Ad.   - *j'écris*
Mi   - *y'a plein de monde, là.*
Ad.   - *j'écris beaucoup d'choses.*

Obs.141   MI(3,7)   15/3/80:

réf. "faire le clown" = ne pas être sage.

Mi   - *(1) si tu fais le clown, j'te donne pas un bonbon!*
Ad.   - *oh ?*

Mi (éxagérant les mimiques d'un adulte fâché)
  - (2) et si tu fais pas le clown, j'te donne...
  si que ...si que... si que tu fais pas le clown..
  (réfléchit)
Ad. - ...si je fais pas le clown, tu me donnes un
  bonbon ?
Mi - ouais, si tu fais pas le clown, j'te donne un
  bonbon.

Obs.143   MI(3,7)   15/3/80:

MI a demandé pourquoi des amis venus nous voir repartaient. Je lui ai expliqué rapidement qu'ils partaient manger chez d'autres amis puis repartaient ensuite directement chez eux. MI a prêté beaucoup d'attention à ce que j'ai dit:

Mi (chantonné)
  - ils vont manger chez eux   (/ʃeʒø/)
    ils vont manger des oeufs   (/deʒø/)

et éclate de rire.

Obs.144   MI(3,7)   15/3/80:

on a offert des autocollants où, lui a-t-on dit, est écrit "Comédie de Caen"; il s'amuse à en coller un peu partout (!), notamment, il en colle un sur un petit biberon de poupée qui se trouvait par hasard sur la table près de lui; pour lui-même:

  - co-mé-die-de-Caen
    co-mé-die-bi-b'ron.

Obs.149   DJA(5,8)   15/3/80:

DJA est montée sur la table, prête à sauter sur une pile de coussins, elle s'amuse beaucoup et a envie de rire et de dire n'importe quoi:

  - je vais faire un saut! (-) c'est quoi ça, un /sɔ/ ?
    un /sɔ/ et une pelle, quoi! je fais un /sɔ/...oh non!
    un /sɔ/?(-) un sommeil alors!

puis saute en éclatant de rire.

> Obs.153　MI(3,7)　18/3/80:
>
> les tartines grillées brûlent:
>
> *Ad.* - *oh la la la la!*
> *Mi* - *oh la la la! attends, je veux voir, moi...oh! ils sont /kRuv/, hein ?*
> (me regarde, doute du mot qu'il vient d'employer, réfléchit)
> 　　*ils sont /kRɵv/ ?*
>
> pendant ce temps, je continue de m'occuper des tartines et ne prête qu'une attention limitée à MI
>
> *Ad.* - *ils sont pas /kRɵv/, c'est quoi /kRɵv/ ?*
> *Mi* - *si, ils sont /kRɵv/! ils sont d'la fumée.*
> *Ad.* - *ils sont cramés ?*
> *Mi* (tout bas) - *oui...cramés...*
>
> MI est à moitié satisfait, ce n'est visiblement pas le mot qu'il cherchait.

> Obs.156　DJA(5,8)　18/3/80:
>
> non sollicitée- se reprend:
>
> - *hier c'matin (-) hier matin...*

> Obs.162　DJA(5,8)　19/3/80:
>
> cherche à dire "les hippopotames"
>
> *Dja* - *(1) /le-e-pi-pɔ/(-)*
> 　　　*(2) /le-ze-pi-pɔ/*　　(rires)
> 　　　*(3) /le-i-pɔpɔtam/ (-)*
> 　　　*(4) /le-zi-pɔ-pɔ-tam/!*　(rires)

> Obs.169　MI(3,7)　22/3/80:
>
> regarde un livre, cherche une image en tournant toutes les pages
>
> - *(1) où+est-ce qu'il /e/, le chat potté ?*
> *(2) il /e/ pas là, sur cette image.*
> *(3) ben, il a là, le chat pol(-)*
> *(4) l'ogre, il a des chapeaux.*
>
> sur la dernière image, on voit le chat botté et l'ogre qui a effectivement un grand chapeau - celui-ci, n'ayant aucun rôle particulier dans l'histoire, n'a ja-

mais été mentionné auparavant – MI désigne ce chapeau
à la fin du dernier énoncé.

Obs.170 MI(3,7)   22/3/80:

MI est dans le bain, on lui rajoute de l'eau (tiède,
pas trop chaude), surpris, il s'écarte, l'air d'avoir
été brûlé, aussitôt, ayant senti que sa réaction était
exagérée (aux yeux de tout le monde comme aux siens)
il se justifie:

– *j'avais peur*

Obs.171 MI(3,7)   22/3/80:

on rit de quelque chose que MI vient de faire et il
est très véxé; au fur et à mesure qu'il parle, il se
reprend car a plus ou moins conscience que ce qu'il
dit est mal compris, il parle de plus en plus fort car
est très en colère:

– *c'est pas comme ça qu'il faut rigoler! (–)
faut pas rigoler! (–)
c'est pas rigolo!*

Obs.172 MI(3,7)   22/3/80:

MI fait un petit spectacle, nous applaudissons trop tôt

– *chutez! ne frappez plus! (–)
ne frappez pas encore parce que j'/e/ pas gagné
encore (–)
faut pas frapper parce que j'/e/ pas encore gagné.*

"gagné" = fini; lorsqu'un spectacle est fini, nous applaudissons, comme s'il avait "gagné"; d'où la confusion, "chutez" = impératif formé à partir de " chut" = faites silence.

Obs.173 MI(3,7)   22/3/80:

sans contexte avant; MI distribue des rôles (début de
jeu qu'il initie ainsi)

– *moi, j'/e/ la marionnette, toi, tu /e/ la marionnette
et Djamila, i suis la marionnette et tout le monde
i suis la marionnette.*

Obs.179 MI(3,7) 23/3/80 :

demande du fromage "Belle des champs" (/bɛl-de-ʃã/)

MI. - /pɛl-dɛ-ʃã/
Ad. - /pɛl-te-ʃã/ ?
MI. - /bɛl-dɛ-zã/ !

tous deux éclatent de rire puis passent à autre chose.

Obs.181 MI(3,7) 25/3/80 :

- *toi, tu suis Mowgli et moi, je suis le Dragon Bleu..
non, toi, tu suis pas Mowgli, tu suis Baghéra.*

Obs.184 MI(3,7) 26/3/80 :

pour rire, Ad. appelle DJA :

Ad. - *mam'selle*   (/mamzɛl/)
MI   (en écho, se tourne vers son père)
     pap'selle   (/papzɛl/)

tout le monde rit.
MI m'appelle fréquemment (au lieu de "maman")

- *papan ! papan ! papan !*

si je ne réponds pas, passe à "maman"

Obs.185 MI(3,7) 26/3/80 :

je chante la chanson bien connue ;
réf. Savez-vous planter les choux/ à la mode (bis)
     Savez-vous planter les choux/ à la mode de chez
     nous/ on les plante avec le bras (le coude, le
     menton, les épaules...)

Ad. - *(...)on les plante avec les bras(-)*
MI - */vɔ/ !*
Ad. (ignorant l'intervention de MI)
    - *à la mode...*
MI - *j'ai dit avec les bravo !*

tout le monde rit et MI est très fier.

Obs.186 MI(3,7)/DJA(5,8) 28/3/80:

devant un vase de jonquilles:
Dja - *comment elles s'appellent, ces fleurs jaunes* ?
Mi (très fier et souriant)
   - *des "crézémouillis"!*   (/kRezemuji/)

toute la journée, il a maintenu cette appellation, quand on lui demandait le nom des fleurs, soit sérieusement, soit pour rire ("jonquilles" a été fourni plusieurs fois).
lorsque son père est rentré, MI lui a demandé le nom des fleurs (personne n'avait évoqué ce problème depuis l'arrivée de son père)

Ad. - *des jonquilles*
Mi (se tourne alors vers DJA et moi)
   - *l'a dit des jonquilles; c'est des jonquilles!*

Obs.188 MI(3,8) 4/80:

ne veut pas se coucher:

Ad. - *tu as assez joué*
Mi - *j'ai pas même joué*

Obs.191 MI(3,8) 16/4/80:

Mi - *oh, regarde! il est assis sur un livre!*
Ad. - *eh oui!*
Mi - *c'est drôle, on dirait un fauteuil*
Ad. - *oui*
Mi - *c'est <u>déjà</u> un fauteuil!*

Obs.192 MI(3,8)/DJA(5,9) 23/4/80:

MI a raconté une histoire quasi incompréhensible, à cause de nombreuses ellipses et d'une confusion dans l'emploi des adverbes et **désinences** verbales de "temps".
DJA réfléchit après cette histoire et, non sollicitée, dit, une première fois avec hésitation, puis une deuxième fois, sûre d'elle:

Dja - *hier pour lui, c'est demain et demain, c'est hier...*
Ad. - *quoi ?*
Dja - *pour Michaël, hier, c'est demain et demain, c'est hier!*

Obs.193 DJA(5,9) 28/4/80:

Ad. - tu l'aimes, cette musique ?
Dja - oh oui! très beaucoup...elle m'admire!

Obs.195 MI(3,9) 5/80:

réf. quelques jours plus tôt, une amie, Margot, donnait à manger à la toute petite Anna. La purée était trop chaude, Margot a fait patienter Anna en faisant des grimaces exagérées, comme si elle se brûlait en goûtant la purée; la scène était amusante à regarder et MI la reproduit souvent:

- moi, je serais le bébé Anna et toi Margot et c'est trop chaud ...

Obs.196 DJA(5,10) 5/80:

j'ai du mal à faire sortir DJA du bain où elle joue depuis une heure au moins (référence:le vocatif: "mon vieux! ma vieille!...")

Ad. - allez, sors du bain, ma vieille!
Dja - j'suis pas une vieille, j'suis une neuve!

(éclats de rire)
cet épisode a été raconté et reraconté dans la famille; en 7/82, DJA en est encore toute fière.

Obs.197 DJA(5,10) 1/5/80:

Ad. - t'as pas un autre short, Djami? t'en avais un chouette...
Dja - le qui est pareil qu'un pantalon?

Obs.200 MI(3,9)/DJA(5,10) 12/5/80:

Dja - 1) moi, j'prends d'la tisane!
Mi - 2) moi, j'aime pas ça, la tisane. hein Djamilia, non, hein?
Dja - 3) faut dire "oui" si t'aimes pas la tisane!
Mi - 4) ...mais tu sais...rien!

Obs.206 MI(3,10) 6/80:

Ad. - *tout le monde est d'accord? et toi, Michaël, t'es d'accord?*
Mi - *moi, j'/e/ d'accord.*

Obs.207 MI(3,10) 6/80:

voir Obs.195

- *papa, on dirait que tu suis Margot et on dirait que c'est pas trop chaud...*

Obs.209 MI(3,11) 7/80:

- *oh, une étoile d'araignée!*

création involontaire à partir d'un mauvais découpage l'étoile, les/toile.

Obs.210 DJA(6,0) 7/80:

DJA raconte une histoire à MI:

- *victor aide à Pauline ! mettre ses bottes.*

Obs.213 MI(4,1) 9/80:

à table, MI termine un plat mais il en reste encore un avant de terminer le repas:

Mi - *j'/e/ fini*
Ad. - *y'en reste un!*
Mi - *après l'omelette, j'vais être fini.*

Obs.215 DJA(6,2) 9/80:

"maintenant" = /mɛ̃tnɑ̃/

Mi - *oui, /mɛknɑ̃/*
Dja - *Michaël, on dit pas /mɛknɑ̃/, on dit /mɛ̃tnɑ̃/. et si t'es trop petit, tu peux dire /mɛ̃nɑ̃/, les petits, ils disent comme ça.*

(les enfants très jeunes disent effectivement /mɛ̃nɑ̃/ le plus souvent)

Obs.216   MI(4,1)   8/9/80:

un jour de ciel gris, brumeux:

- oh! le soleil, il est en lune!

Obs.217   MI(4,1)   12/9/80:

Ad. - c'est bon, les fruits comme ça, hein Michaël?
Mi - oh oui... moi je mange que (-) toute la journée, hein?

(soit: "que ça")

Obs.218   MI(4,1)   12/9/80:

Ad. désigne la brosse à dents de MI (bleue):

Ad. - ça, c'est pour Michaël, maintenant
Mi - non! je veux pas ça, je veux la blanche. La blanche à dents...(éclate de rire)
Ad. - la blanche à dents, elle est bonne, celle-là!
Mi (répète plusieurs fois en riant)
    - la blanche à dents...

Obs.219   MI(4,1)   12/9/80:

MI joue silencieusement à côté de nous, la conversation ne s'adresse pas à lui ni ne le concerne
(réf. le "luxembourg" = le jardin du Luxembourg)

Ad. - on devait se retrouver avec Jean-Luc au Luxembourg et si on s'ratait, on s'était fixé un des cafés en diagonale, tu vois...
Mi (assez bas, pour lui-même)
    - /zã-lyk-sã-buʀ/

rires et nombreuses répétitions amusées des Ad. qui arrêtent leur conversation. MI rit et répète également plusieurs fois.
(Luxembourg = /lyksãbuʀ/)

Obs.224   DJA(6,2)   15/9/80:

a repris son manuel, regarde la colonne où sont inscrits les numéros des pages de 10 en 10.
Elle lit seule 10, 20, 30, 40 puis je lui dis 50, 60 (/swasãt/) ,alors:

- ça devrait être /sisãt/!

pour la suite (70,80,90), elle ne les connaissait pas et a beaucoup de mal à les redire après moi.

Obs.225 DJA(6,2) 30/9/80 :

un Ad. vient de parler de la gare de Lyon; DJA a mal compris; après avoir fait répéter, elle explique (non sollicitée) :

- *tu sais, moi, quand tu as dit "gare", j'avais compris "guerre" (-) parce que* /gɛ/ - /ga/, c'est pareil, /gɛR/ - /gaR/

Obs.229 MI(4,3) 21/11/80 :

MI et STEphane viennent de se disputer; en représailles, STE critique le premier objet qu'il trouve appartenant - représentant! - MI.

Ste - *ta photo, elle est pas belle!*
Mi - *si*
Ste - *non!*
Mi (donne un coup à STE)
    - *elle est belle, hein?*
Ste - *oui*
Mi (se tourne vers moi)
    - *il dit non pour croire (-) et il dit oui pour pas croire.*

Obs.230 MI(4,3) 21/11/80 :

sur la boîte de céréales pour petit déjeuner, les personnages sont appelés Snap, Crackle (/kRakəl/) et Pop, par référence au bruit qu'elles font quand on les mange (à cette époque, MI ne sait pas l'anglais)

Habituellement MI demande beaucoup de lait dans les céréales mais ensuite, il ne les mange pas; on lui a servi un bol de céréales avec très peu de lait :

Mi - *c'est pas mou!*
Ad. - *il faut pas qu'ça soit mou, c'est pour ça qu'on dit Snap, Crackle, Pop; ça craque, c'est croquant, c'est pas mou, il faut qu'ça soit crackle*

quelques minutes plus tard, à la fin du bol, les derniers flocons de céréales qui restent sont imbibés de lait :

> Mi - puisque ça vient mou, c'est moutle (/mutal/) !
>
> tout le monde rit.

Obs.231 MI(4,4) 12/80:

MI glisse sur le toboggan depuis plusieurs minutes. Maintenant, à chaque glissade, il adopte une position différente (assis, couché, sur le ventre, sur le dos...) et m'appelle à chaque fois d'un "regarde!" retentissant, puis:

- maman, regarde, je change de geste!

Obs.232 MI(4,4) 12/80:

- cette clémentine, elle est trop froide. tu peux la rechaudir ? (/RəʃodiR/)

Obs.233 MI(4,4) 12/80:

a rangé sa table:

- j'ai tout propé.

Obs.234 DJA(6,5) 12/80:

j'ai deviné par avance qu'elle cherche le mot "beaucoup":

Dja - j'm'en rappelle pas...de...souvent trucs, quoi! ...euh, de...
Ad. - beaucoup?
Dja - beaucoup!   (visage "éclairé")

Obs.235 DJA(6,5) 12/80:

L'Ad. fait une blague que DJA ne comprend pas malgré plusieurs explications:

- je peux pas y comprendre...

Obs.236   DJA(6,5)   2/12/80 :

DJA, à l'école primaire depuis peu, parle d'une "grande" qui l'a attaquée dans la cour. Il y a un accord entre MI et DJA: si celui qui attaque est trop grand, on n'y peut rien; s'il n'est pas trop grand, ils s'aideront pour l'attaquer en retour:

Mi - *quel âge elle a ?*
Dja - *j'ai pas osé du tout à lui demander son âge.*

Obs.237   MI(4,4)   12/12/80 :

repris d'un énoncé prononcé quelques instants plus tôt (et qui ne s'adressait pas à lui):

Mi - *on le ferme d'ailleurs? oh! ferme d'ailleurs, ferme d'ailleurs... ça fait pas "ferme ta gueule" hein, ferme d'ailleurs?*
Ad. - *non, ça va, "ferme d'ailleurs", on peut le dire.*
Mi (se tourne alors vers sa soeur et, sur le ton de "ferme ta gueule", lui crie)
  - *ferme d'ailleurs!*

et a un petit rire malin.

Obs.238   MI(4,4)   12/12/80 :

- *monoprix, c'est quand il est pris.*

Obs.239   MI(4,4)   14/12/80 :

- *quand y'aura Francis, on fera... des découpages... des sautages... des guillidages...* (/gilidaʒ/)

Obs.242   DJA(6,5)   23/12/80 :

voir Obs.235.

- *le jeu de chenilles, on est d'jà y joué(r).*

(soit: on y a déjà joué)

Obs.245   MI(4,4)   26/12/80 :

- *si tu n'aurais plus d'cheveux, ça serait amer.*

> **Obs.247 MI(4,5) 1/81:**
>
> un ami joue de la guitare, vient d'en changer les cordes, l'une vibre:
>
> – *elle est rayée, ta guitare.*
>
> (réf. un disque qui ne joue pas très bien, est un disque "rayé")

> **Obs.249 MI(4,5) 15/1/81:**
>
> quand on écoute une certaine montre à l'oreille sans appuyer fortement la montre contre l'oreille, on entend le tic-tac habituel; quand on l'appuie très fort on perçoit, derrière le tic-tac, un petit bruit ténu (les ressorts?);
> MI écoute, Ad. lui demande s'il entend un autre bruit:
>
> – *oui, il y a un bruit transparent.*
>
> nous étions incapables de qualifier ce bruit et le qualificatif trouvé par MI nous semble particulièrement approprié.

> **Obs.250 MI(4,5) 15/1/81:**
>
> on attend la fin du cours de gymnastique de DJA. On peut regarder ce qui se passe dans le gymnase grâce à une verrière.
>
> Mi – *elle est finie, la gym de Djami?*
> Ad. – *non, je vais aller regarder d'ailleurs.*
> Mi – *d'ailleurs (-) elle est finie?*
> Ad. – *non.*
>
> (le deuxième énoncé de MI signifie: quand tu dis "d'ailleurs", est-ce que ça veut dire "elle est finie"?)

> **Obs.259 MI(4,5) 25/1/81:**
>
> regarde un livre et devant le nombre très réduit de pages:
>
> – *ben, y'en a qui+z+en ont déchiré des pages...oh! que oui!*

Obs.263   MI(4,5)   27/1/81 :

MI a mis un immense pull à capuche appartenant à Ad.

Mi - *derrière, là, c'est ma capuche où on met les*
       jouets
Ad. (riant) - ...*une hotte?*
Mi - *oui, une hotte.*

Obs.264   MI(4,5)   27/1/81 :

me cherche dans la salle de bains alors que je suis
dans la chambre ; je ris, il vient dans la chambre :

Mi - *j'entendais chanter dans la salle de bain...*
       je croyais...
Ad. - *et j'étais ici*
Mi - *en fait !*

Obs.266   DJA(6,6)   28/1/81 :

DJA parle de boîtes de peinture à pastilles carrées :

- *y'en a un qui m'a dit(-) mais...c'est un farceur(-)*
  un mensongeur(-) il m'a dit qu'i y'a avec des ronds

(/kija/)
(avec des pastilles rondes)

Obs.275   DJA(6,7)   4/2/81 :

Mi - *j'ai pas fait d'cauch'nard (/kɔʃnaʁ/) de hibou,*
       aujourd'hui
Ad. - *ah, c'est bien !*
Dja - *eh ! on dit pas /kɔʃnaʁ/, c'est /kɔʃmaʁ/(-)...*
       c'est mignon quand tu dis /kɔʃnaʁ/(-), c'est
       vrai, /kɔʃnaʁ/, c'est mignon...moi, je voudrais
       qu'on dirait pas /kɔʃmaʁ/, on dirait /kɔʃnaʁ/..

Obs.276   MI(4,6)   5/2/81 :

raconte l'histoire de <u>Frérot et Soeurette</u>
le passage souligné est dit d'une voix chuchotée, comme la rivière parle sur la cassette :

- *la soeurette, elle a dit / ne bois pas, parce que,*
  et ben sinon, tu seras <u>métamorphosé en chevreuil</u>.

Obs.277 MI(4,6) 6/2/81 :

- *tu sais pas c'que j'm'/e/ (-) 'suis arrivé, j'm'suis cassé en mille morceaux!*

Obs.281 MI(4,6) 18/2/81 :

MI, avec un masque, est entré brusquement dans la pièce où était le chien Othello. Celui-ci a eu très peur, a aboyé très fort; en retour, MI a eu très peur également;
plusieurs heures après, Othello est tranquillement couché, MI le regarde :

Mi - *je sens le goût de peur du chien encore.*
Ad. - *tu as eu peur ?*
Mi - *non, le chien, il a le goût de peur encore. dans sa tête, dans son cerveau.*

Obs.284 DJA(6,7) 19/2/81 :

je sers à manger; après la première cuillerée, s'écrie :

- /wa/ !

ignorant cette intervention, je continue à servir, elle s'écrie alors :

- *tu crois que /wa/, ça veut dire "pas beaucoup"? ça veut dire "beaucoup"!*

(soit : beaucoup = c'est trop)

Obs.286 MI(4,6) 20/2/81 :

MI met sa serviette sur la tête, fait une grimace et menace avec les doigts "crochus" :

Mi - *est-ce que j'/a/ l'air terrible ?*
Ad. - *ouh la la, oui, que tu as l'air terrible !*

Obs.287 MI(4,6) 20/2/81 :

MI et AD1 ont rendu visite à un ami espagnol. Ad1 voudrait que MI raconte cette visite à Ad2 :

Ad? - comment il parlait Ignacio ?
Mi - fallait qu'à entendre!

(soit: y'avait qu'à écouter)
MI était de très mauvaise humeur, aussi n'avons-nous pas osé rire de cette formule; mais autrement, il est probable que nous l'aurions adoptée pour un temps.

Obs.288 DJA(6,7) 20/2/81:

réf. une chanson "chantée" par une oie, dont le refrain est "couah, couah, couah, c'est moi l'oie"

- *pendant que j'pèle ma clémentine (-) ma mandarine ou quoi? couah, couah, couah, c'est moi l'oie (échange de sourires)... euh, tu peux m'apporter un verre de grenadine ou de jus d'orange ou de c'qu'i y'a.*

Obs.298 LOIS(±8) 1/3/81:

au cours d'une promenade, trouve un épluche-légumes:

- *t'as vu? t'as vu c'que j'ai trouvé! (-) chouette, hein? en plus, il est encore serviable!*

Obs.305 MI(4,7) 6/3/81:

Ad. - tu le connais, ce livre-là ? regarde les images...
Mi - je le connais pas mais je lui plais.

Obs.308 MI(4,7) 9/3/81:

notre réveil est assez particulier; si on le heurte, il part à l'envers, il suffit de le cogner à nouveau pour qu'il reparte dans le bon sens:

- *papa! le réveil, il avait tourné à l'envers, et ben en plus, j'suis fort, maintenant il retourne à l'endroit.*

Obs.312 DJA(6,8) 11/3/81:

Ad. - et tes coquillettes ?
Dja - elles s'mangent
Ad. - elles s'mangent ou elles s'font manger ?
Dja - elles vont s'faire manger.

```
Obs.314   SAB(6,4)   12/3/81:
```

SABrina est venue jouer avec DJA. MI lui a montré
un petit personnage qu'il vient d'avoir (stroumpfette)

1-regarde c'que j'ai acheté hier...
   (fouille ses poches, lève les yeux au ciel)
2-j'les ai laissés à la maison!
3-j'avais acheté une stroumpfette comme Michaël et un stroumpf.

```
Obs.315   MI(4,7)   13/3/81:
```

un disque a été égaré un certain temps; je l'ai retrouvé et placé derrière un livre d'enfant près de
l'électrophone, plus tard, MI prend le livre et est
étonné de voir le disque perdu:

- *oh! (-) d'ailleurs (-) d'ailleurs (-) 'DErrière euh le livre là, vous l'avez trouvé ?*

```
Obs.317   MI(4,7)   14/3/81:
```

- *j'avais pas envie d'boire et en plus (-) maintenant (-) j'ai envie d'boire.*

```
Obs.320   DJA(6,8)   15/3/81:
```

on s'était promis de faire quelque chose la veille et
on a oublié:

- *on en avait pas pensé hier*

soit: on n'y a pas pensé hier.

```
Obs.324   MI(4,7)   17/3/81:
```

1) Mi - c'est quoi ça?
2) Ad. - un petit tabouret. c'est pour les enfants mais pas maintenant. il faut que je le peigne.
3) Mi - ça se peigne pas...
4) Ad. - si...je le peindrai...
5) Mi - ah! peindrai! ah oui!

en 4), j'ai perçu la confusion entre "peindre" et
"peigner" et ai cherché très vite à clarifier
pour MI, c'est pourquoi j'ai utilisé le futur (il y
avait d'autres solutions)

```
Obs.326   MI(4,7)/DJA(6,8)   17/3/81:

DJA essaie de faire deviner le nom d'un copain:

Dja - il est dans ton école, c'est ton copain et il
      habite dans notre immeuble. qui est-ce ?
Mi  - ah, je sais qui est-ce.
```

```
Obs.329   MI(4,7)   18/3/81:

MI est en train de manger une"vache qui rit" (crème
de gruyère):

- oh, ma vache qui "raille", ah ah, ma vache qui
  "raille".        (/Reʒ/)

aucune action particulière n'a motivé cet énoncé,
comme: produire un trait sur la table avec le froma-
ge.        (/vaʃkiRi/ - /vaʃkiRεʒ/)
```

```
Obs.333   DJA(6,8)   18/3/81:

Ad. - alors, t'as bien gymé ?     (/ʒime/)
Dja - eh oh! on dit pas gymé! on dit t'as bien fait
      d'la gym.

"gymer" est une "création" d'Ad. fréquemment employée
devant DJA et qu'elle n'a jamais adoptée pour elle -
-même.
```

```
Obs.335   MI(4,7)/DJA(6,8)   24/3/81:

MI et DJA parlent ensemble. DJA raconte quelque chose
qui s'est passé à l'école. Au fur et à mesure, MI
lui pose très sérieusement des questions dont voici
un exemple typique:

Mi  - c'est quoi, accuser?
Dja - ça veut dire que c'était lui qui l'avait fait
      et il disait que c'était l'autre.

DJA répond très sérieusement.
..........
Quelques minutes plus tard, Sabrina raconte quelque
chose à DJA et cette fois-ci, c'est elle qui deman-
de avec le même sérieux que MI plus tôt:

Dja - c'est quoi, dandiner?

Sabrina fait un geste des hanches, sans se déplacer,
puis poursuit son histoire.
```

Obs.336   DJA(6,8)   24/3/81:

parle de sa composition de récitation à l'école:

- *y'avait des papiers et on prenait ou soit la fourmi ou soit un papillon ou soit...et on récitait c'qu'y'avait marqué dessus le papier.*

Obs.339   MI(4,7)   25/3/81:

- *eh eh...tu es une danseuse (/dasbz/), j'suis un danseu (/dasb/)*

(en FO, danseur = /dasœR/ et danseuse = /dasbz/)

Obs.340   MI(4,7)   29/3/81:

dans le paquet de croissants sur la table, il y a plus de 4 croissants (soit plus que le nombre de membres de la famille), MI en déduit:

Mi - *y'a quelqu'un aussi qui dort chez nous ?*
Ad. - *oui*
Mi - *ah! c'est qui?* ....

("il y a quelqu'un d'autre")

Obs.341   MI(4,7)   30/3/81:

joue seul avec une fleur en plastique dont un pétale est cassé (chantonne d'une petit voix aiguë):

- *je suis une fleur...et d'ailleurs...j'ai 5 dents et 1 dent...qu'est cassée...*

Obs.342   MI(4,7)   31/3/81:

MI est en train de "maquiller" une poupée; il a pris un crayon ordinaire (qui donc ne marque pas sur la poupée), il chantonne:

- *1) j'ai dessiné ses sourcils,*
  2) ça se voit pas,
  3) j'ai dessiné son nez,
  4) ça se voit pas d'ailleurs.

```
Obs.344   MI(4,7)    31/3/81:

- si j'/t'appuierais et j'te cognerais, et ben, ça
  te ferait mal.
```

```
Obs.345   MI(4,8)    4/81:

pose de nombreuses questions ainsi construites:

- maman, hein ouais,   ⎧ il est l'heure de s'coucher..
                       ⎨ elle a fait ça...
                       ⎩ il faut y'aller maintenant...

la seule intonation interrogative est sur le "hein",
l'ensemble qui suit "hein ouais" est monotone et bas.
```

```
Obs.348   MI(4,8)/DJA(6,9)   4/81:

Depuis 6 mois au moins, DJA pose ce genre de devinette
"tu peux porter une gare? (non), deux gares? (non)
trois gares? (non) quatre gares?...six gares? (non);
Oh! il peut pas porter un cigare!"

DJA refait ce jeu un matin; après elle, MI essaie avec
"gare" puis "garette" (copie de DJA), puis:

- est-c'que tu sais porter un mag.? (/mag/)
  (nous sommes étonnés, nous fait répondre "oui")
  2 mag? (oui) 3 mag? (oui) 4 mag? (oui)
  5 mag? (oui), oh! magasin (/magazẽ/) (et rit)

aussitôt après, propose "magaz." (/magaz/), après
5, dit en riant:

- oh! magaz-cinq! (/magazsẽk/)   (/magazẽ/+ 5 /sẽk/)

..........

le même jour, à midi, joue à redoubler les syllabes
finales de ces énoncés, par ex.:

- on va au ciné, né, né... rit, puis à la suite d'une
  telle production finissant par "né":

- est-ce tu peux porter 1 nez? (oui), ...(2,3,4,5,
  6 nez? (oui)  tu as des narines! .... est-ce que
  tu peux porter une fleur? (oui) tu es une rose!...
  Dja - tu peux porter 1 nez? (oui)...(2,3,4,5,6 nez?)
        (oui) eh! tu peux porter un ciné!
  Mi  - j'm'étais trompé. t'as dit "porter un ciné".
  Dja - toi, t'avais dit "des narines"! ah ah... (rient).
```

Obs.350   MI(4,8)/DJA(6,9)   1/4/81:

Ad. - y'a pas d'marionettes à l'atelier ?
Dja - non, y'en a pas, c'est nous qui les "font"(/fɔ̃/)
Ad. - qui les faisons
Mi - non! qu'on les 'font!

on note que MI éprouve le besoin de réaffirmer cette formulation alors que ce n'est pas lui qui l'avait produite.

Obs.352   MI(4,8)   1/4/81:

à table, monologue pour lui-même, en marge de la conversation entre les autres; désigne une boîte de céréales avec des personnages dessinés (ne sait pas lire):

dessert, de-ert, des, desseranimé... eh eh! dessert animé...là, y'a écrit dessert animé!
(/deseR...de-ɛR....des...desɛRanime/)

sur le modèle de "dessin animé"

Obs.356   MI(4,8)   4/4/81:

parle de la maîtresse, qui n'a pas donné de bonbons à un autre enfant:

- elle lui a pas en donné , des bonbons.

(y aller, en aller, en-donner)

Obs.358   MI(4,8)   6/4/81:

Ad. - te fais pas mal!
Mi - j'/e/ pas (-) j'suis pas fait mal.

Obs.361   MI(4,8)   9/4/81:

un ami belge appelle Francis /fRãsi/ pour /fRãsis/. on en a discuté à plusieurs reprises, cet ami vient de téléphoner , MI évoque ainsi le problème de prononciation (pour lui-même):

- il parle français, c'est-à-dire qu'il a dit /fRãsi/ pour /sis/   (et sourit)

tous les éléments du problème sont évoqués: quelque

chose de l'ordre de "être français", et la différence de prononciation.

Obs.362   DJA(6,9)   9/4/81:

un crayon en main, mime la façon de tendre un couteau à quelqu'un pour ne pas le blesser:

Dja - on dirait que ça serait un couteau. on donne
      pas la mine...
Ad. - la lame!
Dja - la lame pour que l'autre se coupe, on donne
      la poignée.

Obs.364   MI(4,8)   10/4/81:

Mi - à Foucherolles, on n'est pas y+allé
Ad. - on n'y est pas allé
Mi - non! on n'est (pas y+allé)

entre( ), bloc d'intonation beaucoup plus basse.

Obs.365   DJA(6,9)   10/4/81:

parle d'une amie qui "fait sa crâneuse":

Dja - elle s'occupe de qu'elle, qu'à d'elle (-)
      elle s'occupe...
Ad. - que d'elle?
Dja - que d'elle!

Obs.366   MI(4,8)   11/4/81:

à l'hôtel; la veille, on a souvent dit, en faisant la liaison; "on cherche un+hôtel...on va trouver un+hôtel..."   (/ɛ̃nɔtɛl/)

Mi - ce notel, il est...ce notel..   /sənɔtɛl/
Ad. - cet-hôtel   /sɛtɔtɛl/
Mi - cette hôtel, elle est bien, hein?

"hôtel" commençant par une voyelle, on emploie "cet" au lieu de "ce"; la prononciation est la même que le féminin "cette". MI déduit de l'énoncé Ad. que "hôtel" est féminin.

Obs.367   MI(4,8)   13/4/81:

attache un carré de caoutchouc à une petite poupée, fait une sorte de jupe:

- *c'est une marionette*

puis lui attache une barre de bois en travers du dos (comme des ailes):

- *c'est une marionette, c'est une, c'est une avionette.*

depuis, ce jouet s'appelle "avionette". Quelques jours plus tard, MI reprend le terme "marionette" et "avionette" est définitivement abandonné.

Obs.369   MI(4,8)   14/4/81:

veut changer de nom, se fait depuis ce jour (pendant plusieurs semaines) appeler:

/mika-ɛgl/   intégrant "aigle" (/ɛgl/) à
                Michaël   (/mikaɛl/)

Obs.370   MI(4,8)   14/4/81:

Mi - *qu'est-ce qu'il y a dans le paquet?*
Ad. - *du pain de seigle*   (/sɛgl/)
Mi - *tiens, comme aigle!*   (/ɛgl/)

sourit; l'échange s'arrête là.

Obs.373   MI(4,8)   16/4/81:

Mi - *elle, elle s'est régalée, ma soeur.*
Ad. - *et toi?*
Mi - *moi, j+suis régalé aussi.*   (/ʃsʁi/)

Obs.374   MI(4,8)   16/4/81:

Mi - *maman, t'as vu ce coquillage?*
Ad. - *oui..c'est une coquille d'escargot, je crois...*
Mi - *on peut dire un coquillage? non! une coquillage...*
Ad. - *non, un coquillage...*

MI s'éloigne en regardant son coquillage, dit pour lui-même, tout doucement:

Mi — ...ah oui..un coquillage...parce que un escargot...

Obs.375   MI(4,8)   16/4/81:

m'avertit ainsi que sa cousine touche à la télévision

Mi — maman, Catane, elle fait une bêtise avec
     la télé!

quelques minutes plus tard (énoncés isolés):

Mi — maman, elle refait la bêtise!

Obs.377   MI(4,8)   18/4/81:

réf. une plaisanterie "familiale"; lorsqu'un mot
contient la syllabe "di", on prétend qu'il s'agit de
l'impératif "dis!" et on répète le reste du mot
comme si l'on avait demandé de le dire:

Mi — c'est des ménicaments?
Ad. — mé di, pas ménicament, di...dis "camen"!
Dja — camen!
Mi — bert!

tout le monde rit.

Obs.378   MI(4,8)   18/4/81:

nous sortons d'un spectacle; lorsque nous y sommes
rentrés, il faisait beau; maintenant, le sol est
mouillé; MI en conclut tout bas, pour lui-même:

Mi — il pleuvait.

(FO: "il a plu" est du même ordre)

Obs.381   MI(4,8)/DJA(6,9)   18/4/81:

Mi — c'est bien, à caen, y'aura Loïs (/lɔis/) et
      puis Brigitte et puis Louis (/lui/) eh eh
      /lu-is/.../le-is/ eh eh /lɔ-ɛs/...(de plus
      en plus doucement)../le-is/../lɔ-ɛs/../lu-is/..
Dja — Louis et Loïs, ça se ressemble vachement, y'a
      just' qu'y'a un "u" dans Louis et pas de "u"
      dans Loïs

Obs.382   MI(4,8)   19/4/81:

- *je veux du pain d'mie...du pain et demie..eh eh...
du pain et demie!*

(tout le monde rit)

Obs.383   MI(4,8)   19/4/81:

MI tend son camion, il veut en percer les fenêtres
pour pouvoir y introduire un conducteur:

Mi - *j'ai envie qu'on fasse des trous à les fenê-
       tres pour que le bonhomme noir, il puisse
       rentrer dedans.*
Ad. - *qu'est-ce que tu veux?*
Mi - *faire des trous à les fenêtres pour que le
       bonhomme, il rentre dedans.*

Obs.386   DJA(6,9)   19/4/81:

s'occupe d'un "bricolage", commente:

- *il faut juste que j'/me/ (-) /tR/ (-) que j'/mɛt/
(-) le p'tit voile dessus.*

je mets = /me/ ; mettre = /mɛtR/ ; que je mette =/mɛt/

Obs.388   MI(4,8)/DJA(6,9)   19/4/81:

voir réf. jeu explicite Obs.348 (jeu de découpages
des mots et de jeu de mot mettant en équivalence une
syllabe quelconque d'un mot et un chiffre: 6-néma)
MI essaie beaucoup ce jeu, mais ne réussit pas.
ce jour-là, réussit pour la première fois:

- *est-ce que tu sais porter un néma? (oui) (...)
6 néma? (oui), tu sais quand même pas porter un
cinéma, tu t'rends compte!*

très fier, MI continue en utilisant quantités de
syllabes précédées d'un chiffre (va toujours jusqu'à
6, alors que DJA prend plusieurs chiffres), lorsqu'il arrive à 6, il lance un mot proche de la syllabe utilisée:

- *est-ce que tu sais porter un /git/..6/git/ - guitare!*

après avoir construit ainsi 4 à 5 jeux,

- est-ce que tu sais porter un /sal/? euh..est-ce que tu sais porter un /ful/..oh non...(arrête le jeu)

Obs.389   MI(4,8)   21/4/81:

Mi - tu m'donnes un choux-fleur?
Dja - c'est un artichaud, eh!
Mi - un /aRtiʃɔl/, un /aRtiʃuflɛR/...

joue pendant plusieurs minutes à chantonner des constructions de ce type: ..mon /aRti/..mon /aRtiʃɔl/ .../aRtiʃul/...
artichau = /aRtiʃɔ/; chou-fleur = /ʃuflœR/
"arti-chou-fleur" a été adopté par toute la famille pendant plusieurs mois.

Obs.390   MI(4,8)   21/4/81:

DJA propose quelque chose de bizarre:

Ad. - chiche!
Mi - chiche (-) chiche, ça veut dire "oui".

la conversation continue sur ce qu'a proposé DJA et ignore l'intervention de MI.

Obs.394   FEL(6,9)   23/4/81:

FEL et DJA "jouent" la <u>Belle au Bois Dormant</u> ; la fée maléfique vient de jeter un sort à la princesse Aurore (à l'âge de 16 ans, tu te piqueras le doigt et tu mourras); la bonne fée essaie de contrer ce sort:

- au bout de tes 16 ans, après tes 16 années, tu te piqueras bien le doigt à un fuseau mais tu ne mourras pas, tu t'endormiras simplement, tran - quillement et tu dormiras pendant cent ans...

Obs.395   DJA(6,9)   24/4/81:

- mon front est tout chaud (-) à cause que j'boyais du lait.

Obs.396   DJA(6,9)   24/4/81:

Dja - tu sais Domi, j'ai beaucoup (-) pas mâché (-) d'ce côté-là à cause de mon aphte...
Ad. - quoi?

> *Dja - bon! quand j'avais mon aphte, tu t'rappelles?*
> *bon, j'ai pas mâché d'ce côté-là, et ben maintenant, ça m'fait mal d'mâcher d'ce côté-là.*

Obs.398   MI(4,8)   25/4/81 :

Mi   - écoute! ça ressemble à la musique de Frérot et Soeurette
Ad. - oui...ça ressemble un peu
Mi   - non, c'est complètement cette musique.

Obs.402   DJA(6,9)   29/4/81 :

j'envoie DJA se laver les mains et les dents avant de se coucher; elle "marchande":

Dja - j'en fais un: les mains, pas les dents.
Ad. - c'est pas le moment de compter. les caries, c'est la nuit que ça se fait.
Dja (y va en grognant)
   - oh la la! quelle drôle de maman! (-) je dis même pas amusante, je dis drôle.

Obs.403   MI(4,9)   5/81 :

au cours d'une promenade au square, à la nuit tombée (pour lui-même, chantonné):

- oh le square, c'est le soir...(rit doucement) c'est le noir...

square = /skwaR/ ; soir = /swaR/; noir = /nwaR/

Obs.406   MI(4,9)/DJA(6,10)   5/81 :

un jeu de langage explicite qu'ils affectionnent particulièrement en ce moment (jouent avec d'autres enfants également);
DJA croque un morceau de pomme, puis le repose bien délicatement sur le reste de la pomme, de façon à ce que les bords de la morsure ne se voient pas; puis demande à MI:

- mordu ou pas mordu?

c'est presque toujours "mordu", mais l'intérêt du jeu étant d'être surpris, de s'être laissé prendre à croire ce que l'on voit; la réponse, feinte, est "pas mordu" le plus souvent; alors DJA enlève le morceau

pour montrer que, contre toutes apparences, il a été
mordu et tous deux éclatent de rire.

Même jeu, initié par MI, par exemple avec une orange
décomplétée en quartiers. MI repose les quartiers
bien serrés les uns à côté des autres et demande:

- *coupé ou pas coupé?*

Obs.410   MI(4,9)   10/5/81:

joue à "Blanche-Neige". Dans la version qu'il préfère
le Prince Charmant enlève le morceau de pomme empoi-
sonné de la bouche de B-N et elle n'est plus morte.
MI s'allonge et demande:

Mi - *tu m'enlèves mon p'tit bout d'pomme?*
Ad. - *ah non! je suis pas un Prince Charmant, je
       suis une maman.*
Mi - *des fois, les mamans, ça enlève les p'tits
       bouts d'pomme.*

Obs.415   MI(4,9)   19/5/81:

au square, MI remplit son seau d'eau et arrose n'importe quoi (bac à sable, banc,...) en imitant un jar-
dinier (observé une heure auparavant), puis:

- *c'est mieux (arroser les plantes), hein?*

( )délimitent un bloc intonatif.

Obs.416   MI(4,9)   19/5/81:

je pars du square, trop tôt au gré de MI:

- *oh éh, hein! tu peux bien m'attendre quand même!*

Obs.417   MI(4,9)   14/5/81:

raconte une histoire qui se transforme bientôt en jeu
de devinette pour DJA:

Mi - *il était une fois...un petit garçon...*(réflé-
       chit)...*il se transforme en / tu sais pas quoi?*
Dja - *non?*
Mi - *ça commence par /dRag/*
Dja - *dragon!*
Mi - *oui! et après il se transforme, ça commence
       par /seRp/*

```
Dja - serpent!
Mi  - oui!
```

(à nouveau à court d'idées, énumère de la même façon, les objets qu'il voit. C'est plus difficile avec les mots d'une seule syllabe, ne peut continuer à "aider" DJA en donnant la première syllabe + la consonne qui commence la deuxième syllabe - ce qui semble optimal-, et, pour que DJA continue à trouver immédiatement la solution - ce qui est le but du jeu -, il montre discrètement du doigt.
voici encore quelques ex. avec des mots d'une syll.:

```
Mi  - /v/-/vɛ/-/v/-/və/-/v/.?  (Dja -?)  - verre!
      (/vɛR/).../pᵘ/-/əp/-/p/? (Dja voit - pain!)...
      /pl/-/pəl/-/pəl/? (Dja voit - pull!) oui!...
```

Obs.419   DJA(6,10)   20/5/81:

DJA part souvent seule à l'école le matin et un des parents accompagne MI. DJA peut préférer partir avec nous. un matin:

```
Dja - je veux partir ensemble que tout le monde
Ad. - hein?
Dja - je veux partir ensemble de tout le monde
Ad. - qu'est-ce que t'as dit?
      (peut être considéré comme une mise en doute)
Dja - et ben, euh, je veux partir ensemble de tout
      le monde.
```

Obs.425   DJA(6,10)   22/5/81:

cherche un sac:

- ah oui! j'crois l'avoir vu, même je _l'ai déjà vu_!......oui, je l'ai déjà vu, il est dans un p'tit coin...(cherche encore, ne sait pas)

Obs.428   DJA(6,10)   25/5/81:

```
Dja - si j'serais un vampire...
Ad. - si !j'étais!
Dja - oh! c'est pas grave! si j'faisais croire que
      j'étais un vampire, quoi...je mettrais la
      tétine rouge en dent (*), ça ferait peur!
```

(*)"en dent" = "sur ma dent"

Obs.431 MI(4,9)   28/5/81:

Mi - après le repas, tu sais pas où on va?
Ad1 - non?
Mi - au square
Ad1 - ah non! on fait la sieste et _après_ on va au
      square!
Mi (à Ad2)
    - hein ouais, non! on fait pas la sieste.

Obs.437 DJA(6,11)   13/6/81:

Dja - non, elle a pas été tuée, elle a vieilli et
      puis elle a mourru.
Ad. - elle est morte!
Dja - elle a été morte!

Obs.438 MI(4,10)   14/6/81:

Dja - ils sont bons, mes bonbons.
Mi - ouais, c'est les plus meilleurs que les miens.

Obs.439 DJA(6,11)   14/6/81:

DJA dit systématiquement "si je serais...", et a
été corrigée plusieurs fois; elle n'a pas accepté
les corrections, sait cependant que les énoncés
contenant "si je serais" sont mal acceptés.
Une banderole accrochée en travers d'une rue est
remuée par le vent, (essai timide):

- oh, t'as vu, l'affiche là (-) on disait qu'elle
  saute, hop, hop, hop.

"si je serais" est corrigé avec des "si j'étais";
DJA en retour, corrige "on dirait" par "on disait".

Obs.440 MI(4,10)/DJA(6,11)   14/6/81:

à propos d'un passage de l'histoire du Petit Prince
écouté sur cassette:

Mi - le puits, il faisait pas de la musique, on
      dirait qu'il faisait de la musique
Dja (tout bas)
    - on croyait...

Obs.441 MI(4,11) 15/7/81:

MI - c'est pas que moi qui aime le riz
Ad. - c'est qui?
MI - c'est aussi la viande.

(j'aime aussi la viande)

Obs.444 MI(5,0) 10/8/81:

MI raconte une histoire qu'il invente:

- ...il pleurait, mais il pleurait (-) comme une nouille.*

*regarde vers l'Ad. (voir également les 2 Obs. suivtes)

Obs.445 MI(5,0) 11/3/81:

MI - Cyril (-) il pleurait comme une trouille*
Ad. - oh la la! tant que ça! comment il pleurait?
MI - comme une (-) trouille**

* regard vers l'Ad., peu sûr de sa formulation;
** intonation affirmative, mais regard vers l'Ad.

A plusieurs reprises, (2 jours et 4 jours plus tard) MI demande:

MI - qu'est-ce que c'est une trouille?
Ad. - c'est quand on a peur...
      ou bien - c'est la peur..
MI - oh! toujours pareil! (peu satisfait mais n'insiste pas)

"comme une trouille" et "comme une nouille" sont restées dans les comparaisons utilisées par MI et DJA depuis, pendant longtemps.
12/81, DJA et MI utilisent encore "comme une trouille" quand ils ont envie de dire quelque chose de plus que le simple adjectif signifiant réellement ce qu'ils veulent dire à propos du terme en discussion. Cela n'a cependant aucune signification pour eux, c'est devenu un mot-jeu, comme une interjection que l'on a pris l'habitude de dire à tout bout de champ.

Obs.446 MI(5,0) 12/8/81:

Ad. ouvre la fenêtre:

– eh! j'veux pas être gelé comme de la saucisse!

(rires, réf. à ces expressions adoptées en ce moment). Ici, le rire est provoqué par le fait que l'expression utilisée ici n'est pas formée de la même façon que les autres; "trouille", "nouille", "grouille"... sont souvent sans signification (pour eux, en tout cas) et ont des phonèmes en commun /tRuj/-/nuj/-/gRuj/.

Obs.447 MI(5,0) 15/8/81:

s'est égratigné la jambe sur un ou deux centimètres:

– si on s'fait une rayure longue, longue (-) et ben, on s'dégonfle.

Obs.448 MI(5,0) 19/8/81:

pendant le repas, tout à coup:

Mi – dans ma tête, j'ai une trouille, hein, dis donc...(nous regarde et poursuit) une nouille, plutôt...
Ad. – et qu'est-ce que ça fait?
Mi – oh, c'est pour rire en fait...
Ad. – mais c'est comment?

MI parle d'autre chose, ne veut pas poursuivre cette discussion (trouille, comme "nouille" lui ont peut-être été dits comme des injures par un autre enfant).

Obs.451 MI(5,1) 28/9/81:

à propos d'un jouet:

Mi – la bagnole, elle est cassée!
Ad. – mais tu peux la réparer, hein?
Mi – oh hé! j'suis déjà un bébé!
Ad. – encore...
Mi – j'suis encore un bébé.

> Obs.453   MI(5,2)   13/10/81:
>
> MI a mis des collants, ce qui est nouveau pour lui;
> il décide que ce sont des collants de Prince:
>
> - *on dirait des chaussettes*, c'est *des chaussettes encollantées* (rit)...*oh! encollanté, c'est drôle!*
>
> (voir également les trois observations suivantes)

> Obs.454   MI(5,2)   13/10/81:
>
> "please" = "s'il vous plaît" en anglais; MI parle
> à cette époque à peine quelques mots d'anglais
> (please, quelques noms de couleur, les chiffres...)
>
> *MI* (vers DJA, en parlant de moi)
> - *je vais lui d'mander la guitare (-) en pleasant.*
> (vers moi)
> - *please, madame, vous pouvez m'donner la guitare?*
>
> "en pleasant" = "en disant please; en étant poli.."

> Obs.455   MI(5,2)   13/10/82:
>
> - *y'avait deux policiers à l'école, un était beau mais l'autre, sa voix, elle était entoussée.*

> Obs.456   MI(5,2)   13/10/82:
>
> à propos de la différence entre "mousse" au chocolat
> et "crème" au chocolat; discussion qui revient à
> chaque achat:
>
> - *la mousse au chocolat, c'est de la crème emmoussée, emmoussée.*
>
> (en faisant le geste de battre la crème)

> Obs.459   MI(5,2)   19/10/81:
>
> jeu de déguisements avec DJA; auparavant MI avait
> jupe et cape, la jupe le gêne (il "est" une vieille
> femme"); il enlève la jupe:
>
> - *on dirait que les femmes vieilles, elles auraient que des jupes et sauf des capes.*
>
> (voir également Obs.462 et 463)

Obs.460   DJA(7,3)   31/10/81:

MI vient de raconter quelque chose d'assez embrouillé:

Dja - je comprends pas très bien de ce qu'il dit.
Ad. - ce *qu'il dit*

(DJA ignore la remarque de Ad. et en tient compte en même temps, puisqu'elle corrige):

Dja - et toi, Domi, t'as compris à ce qu'il a dit?

Obs.462   MI(5,3)   12/11/81:

on vient de parler d'Armella, une camarade de classe de MI:

Ad. - est-ce qu'il y'a une autre petite fille noire qui a des petites tresses toutes droites ?
Mi - ben, c'est Armella et sauf une autre...
Ad. - et aussi une autre?
Mi - y'a que Armella qui a des cheveux comme ça et aucune *autre fille.*

Obs.463   MI(5,3)   12/11/81:

- en bas, y'a un tourne-disques de petits, on peut écouter des disques petits (-) et sauf des grands.

Obs.464   DJA(7,4)   13/11/81:

- j'serais la petite grenouille et quand je te parlais tu comprenais et quand tu me parlais, j'te comprenais.

Obs.465   MI(5,3)   15/11/81:

pose brutalement une bouteille, soulevée avec peine:

- c'était tellement lourd que j'pouvais pas y porter.

> **Obs.469 DJA(7,4) 16/11/81:**
>
> promenade en vélo; un bus nous dépasse:
>
> - *quand il y a un bus derrière nous et qu'il prend son accélération, on croit qu'il va nous écraser mais en fait il le fait pas. il passe à côté de nous.*

> **Obs.470 DJA(7,4) 16/11/81:**
>
> DJA ne veut plus écrire 7 comme en France (soit, avec une barre au milieu 7) mais seulement comme à l'école américaine, soit 7. Elle n'admet pas que 7 soit un 7: pour me prouver que je me trompe, elle décompose ainsi la formation du 7 (en écrivant au fur et à mesure):
>
> - *je fais ça ⁻ et si je faisais ça / et que jamais après tu faisais ça* - (l'ensemble des traits a formé un 7 à la française), *tu croirais que c'est un 7, toi?*

> **Obs.475 MI(5,3) 21/11/81:**
>
> fait semblant de me donner un chewing-gum, en prenant le paquet vide:
>
> - *oh, j'en donnais un faux (-) /tɔ/ !*
>
> s'est arrêté après "faux", m'a regardé puis a complété en riant, tout le monde rit.

> **Obs.477 MI(5,3) 22/11/81:**
>
> entend le bruit d'un avion:
>
> - *hum, je sens qu'y'a un avion.*

> **Obs.486 MI(5,5) 17/1/82:**
>
> *Dja - ouais, il est tout à fait d'accord, lui.*
> *Mi - et nous, on est pas fait d'accord.*

Obs.504 MI(5,8) 22/4/82 :

MI observe pour lui-même sa main, il écarte les doigts ; DJA passe et dit alors :

Dja - ça fait cinq.
Mi (tout bas, pour lui-même)
- même ça fait une étoile.
(rapproche sa main de ses yeux, puis :)
une toile d'araignée, bah!
(et écarte sa main avec une mine de dégoût).

l'association "toile d'araignée" - "étoile" est récurrente chez MI (voir Obs.209, la première notée)

Obs.505 DJA(7,9) 23/4/82 :

- il a dit "vous savez pas quoi", on a dit "non" et il a dit "ben moi non plus"... ça veut dire il sait pas aussi.

Obs.506 DJA(7,9) 28/4/82 :

petit mot laissé sur la porte par DJA pour expliquer où elle est allée :

je suis au cou que domi va. Pjami

Obs.514 BVF(2,6) (12/80) :

Ad. - qu'est-ce que tu veux manger ?

BVF - ...euh...je cherche....(les yeux au ciel)

Obs.516 A(environ 4 ans) (2/5/81) :

entendu dans la rue, en croisant un groupe où un enfant, âgé d'environ 4 ans, a dit brutalement :

- oh...c'est par là qu'on allait pour le jardin des plantes !

Obs.517   B(environ 7 ans) (rapportée par B. BRIL):

l'enfant, environ 7 ans, a renversé de l'eau dans la salle de bains; sa grand-mère essaie d'être conciliante:

GdM - oh, mon chéri, pourquoi t'as fait ça?...
B - pourquoi tu dis pas "mon p'tit con" ?

Obs.519 DOM(environ 10 ans) (15/1/81):

DOMinique, environ 10 ans, dit une chose plusieurs fois à l'oreille d'un camarade de jeu qui ne comprend pas. Il comprend finalement; DOM se tourne vers Ad. présent:

Dom - sont durs à faire comprendre, hein?

Obs.521 CLA(1,7) 31/3/81:

"explosion de vocabulaire". Ses parents pensent que, depuis 3 semaines environ, il leur est impossible de citer tous les mots que connaît CLAra
(plaisir de l'accord sur une convention, un code; complicité avec l'adulte, sécurité de redire ce que l'on sait...)
CLA nomme en désignant de l'index, tout ce qui est en vue.
Au cours d'une promenade, le dimanche précédent, CLA a appris (et maîtrisé, dans la mesure où elle est capable de dire le nom de l'objet, un long moment après que ce nom lui ait été dit) au moins dix mots nouveaux (noms de fleurs, d'arbres..)

Obs.522 CLA(1,7) 31/3/81:

Depuis 3 mois déjà (de 16 mois →), CLA et celui de ses parents qui s'occupe d'elle à ce moment-là, jouent à des jeux de répétitions alternées (pendant l'habillage, le repas, le bain...). Le jeu peut durer 5 à 10 minutes.
exemple typique:

Ad. - non
Cla - oui
Ad. - oui
Cla - non
Ad. - non non non
Cla - oui oui oui
Ad. - oui oui
Cla - non non
.....etc

> où CLA reproduit le même nombre de mots que ce que vient de produire l'Ad., même intonation également; mais remplace "oui" par "non" et "non" par "oui".

Obs.524 CLA(1,7) 20/4/81:

ses parents appellent souvent CLA de divers noms: coccinelle, lapin... CLA sait que c'est par jeu et en rit. Ce soir-là, elle se fait appeler "bouteille" Même origine que "petit bouton"; elle a prononcé quelque chose d'incompréhensible et l'Ad. a demandé

Ad. - bouteille ?

Cela lui a plû, elle a ri, et s'est fait appeler "bouteille" toute la soirée.
Exemple typique d'un jeu répété quotidiennement (en variant les "noms"):

Ad. - comment tu t'appelles ce soir ?
Cla - /butej/   (bouteille)

tous deux rient.

Obs.525 CLA(1,7) 20/4/81:

CLA se fait servir du "jus de prune" (/zypʀyn/), une boisson qu'elle a fréquemment. Puis elle regarde sa timbale et dit pour elle-même, en riant:

Cla - vin!

Obs.526 CLA(1,7) 20/4/81:

à table, CLA prend une pâte dans chaque main, lève les bras et dit, en riant beaucoup;

Cla - /pat-vol/ !   (pâtes volent)

cette fois-ci, l'Ad. présent a été impliqué dans la production de CLA, celle-ci ayant parlé fort; mais l'impression de sa mère reste, comme pour l'exemple précédent, que CLA a agi pour elle-même.

Obs.527-A CLA(1,7) 4/4/81:

pour la première fois, CLA réussit à prononcer le /k/ de "Clara"; elle réussit à dire "Clara" comme elle l'entend. Elle en est très heureuse.

Obs.527-B   1ère conséquence de 527-A:

en conséquence de sa récente maîtrise de la prononciation de son nom, CLA répète à la moindre occasion son nom. Particulièrement, elle a modifié sa façon de demander quelque chose. Maintenant, elle associe son prénom au nom de l'objet réclamé, là où elle ne disait que le nom de l'objet auparavant.

auparavant: (pour "gâteau")   Cla - /tatɔ/
dorénavant: Cla - /klaRa-tatɔ/
(fin Avril:/klaRa-gatɔ/)

Tout ce qui la concerne est maintenant dit avec "Clara".

Obs.527-C   2ème conséquence de 527-A:

CLA a pris conscience, lors de cette première prononciation correcte et des manipulations de son prénom qui l'ont suivie, du fait qu'elle prononçait mal certains mots, qu'il y avait malprononciation. Elle s'est mise à faire des essais continuels de prononciation d'un même mot, auparavant mal prononcé, à chaque fois qu'elle est amenée à le dire ou qu'elle l'entend (elle prononce le même mot 3 ou 4 fois en modifiant sa façon d'articuler). Ces essais tournent particulièrement autour de l'articulation de /p/,/t/ et /k/ qui sont confondus.

Obs.527-D   CLA(1,8)   27/4/81:

très peu de temps après 527-A, et en liaison avec la découverte du /k/ et les manipulations sur la prononciation des mots (encore en cours), CLA initie soudainement un nouveau jeu dans les échanges de répétitions (voir Obs.522 avec "oui" et "non"), elle se met à ajouter un /t/ à la fin des mots.
exmple typique:

Cla - /mamat/
Ad. - /mamat/
Cla - /papat/
Ad. - /papat/
Cla - /lɔlɔt/   (/lɔ/="l'eau", un seul mot pour CLA)
Ad. - /lɔlɔt/...

/lɔ/ est redoublé pour faire deux syllabes comme les autres termes choisis.
CLA rit beaucoup, c'est elle qui initie le changement de mot. Puis au bout de quelques jours de ce jeu

l'Ad. également initie le changement, en restant dans l'ensemble de mots que Clara utilise elle-même dans ce jeu (origine probable:"petit"/"petite").

Obs.527-E   suite de 527-D:

le jeu expliqué dans l'Obs.527-D se poursuit. A la fois pour l'entretenir (éviter la monotomnie) et parce que la consonance de /klaRat/ ne lui plaît pas, la mère de CLA initie un changement de consonne terminale (/klaRam/, /mamap/, /papab/...).

CLA ne reprend jamais les nouveaux termes proposés avec la nouvelle consonne finale, mais revient systématiquement au /t/ (/klaRat/, /mamat/, /papat/) et est ravie, et rit d'autant plus fort, quand sa mère revient au /t/.

Obs.528   CLA(1,8)   1/5/81:

quelques jours plus tard (voir Obs.527-A à 527-E), lors des jeux de répétitions alternées (voir également Obs.522), le jeu devenu le plus fréquent actuellement est la répétition de deux syllabes (sans signification) identiques (ce jeu est depuis peu complété des termes d'échange de tour: "à toi" et "à moi" avec des difficultés de maîtrise exacte).

Ad. - /mymy, mymy, mymy/, à toi.
Cla - /mymy, mymy, mymy/, à toi.
Ad. - à moi, /mymy/, à toi.
Cla - à toi, /mymy/, à toi.
Ad. - /mymy, mymy/
Cla - /mymy, mymy/.....

(les syllabes varient parfois au cours du même jeu /tyty/, /byby/...)

Soudainement, ce jour, CLA prend conscience du changement de consonne au début de ces syllabes et éclate de rire à chaque changement (auparavant, elle répétait les syllabes proposées, simplement); elle se met à l' initier elle-même:

Ad. - à moi, /mymy/, à toi.
Cla - /tyty/, à toi.
Ad. - /tyty/.....

sa mère pense que le problème de l'opposition finale /t/ vs ∅ n'intéresse plus CLA.

> Obs.529   CLA(1,8)   27/4/81:
>
> debout sur une chaise, CLA joue avec l'eau qui coule du robinet (jeu fréquent et vivement apprécié), elle monologue:
>
> *Cla* - /pRã-lɔ/.../pRã-lɔ/.../pRã-də-lɔ/.../pRã-də-lɔ/ .../pRã-lɔ/...
>
> soit: "prend l'eau", "prend de l'eau"
> Rien d'extérieur n'obligeait CLA à se reprendre; elle a prononcé avec beaucoup d'attention, a reproduit deux fois "prend de l'eau".

> Ad. pèle des fruits devant les enfants:
>
> Ad. - *et je coupe avec quoi?*
> Enf - /kutɔ/   [couteau/kutɔ/]
> Ad. - *je coupe avec un couteau!*
> Enf - /œ̃ kutɔ/   [un couteau/œ̃ kutɔ/]
> Ad. - *avec un couteau.*
> Elo - /mama ɔsi/   [maman aussi/mama ɔsi/]
> Ad. - *maman aussi, elle coupe avec un couteau, ma grande.*
>
> (crèche)   Obs.532

> Ad. - *et la dame qui est là...elle s'appelle comment? tu te souviens? elle s'appelle...*
> (alternés) Ad. - *Do......mi.....?*
>   Enf - .../do/..../mi/ (-)/sɛ/!
>
> (tout le monde éclate de rire; réf. le prénom de l'un d'eux (Michel/miʃɛl/), prononcé /miʃɛ/ par les enfants).
> Ad. reprend en riant:
>
> Ad. - *Dominique!*
>
> (crèche)   Obs.533

> Ludovic s'est couché sur une grande boîte. Erwan lui a posé une couverture dessus. Ludovic suce son pouce:
>
> Elo(2,6) - /sekisa/?   [c'est qui ça/sekisa/]
>
> Erwan désigne Ludovic couché:

Erw(2,4) - /seydɔviksa, ydɔvik, esa*, se..se..apulɛ..se
publ,sa/
[c'est Ludovic ça, Ludovic, et ça, c'est..c'est
c'est...?poulet/poubelle?/
seLydɔviksa, Lydɔvik, esa, se...se(pulɛ, pubɛl)]

*en désignant Stéphanie, qui passe par hasard.
Erw et Lud rient beaucoup; Elo repart.
(crèche) Obs.539

Ad. - alors, Magali, tu l'as trouvé ton coussin?

Elo(2,6) - non, elle l'a pas trouvé /pakɛlaublie/
[parce qu'elle l'a oublié
/paRskɛllaublije/]
(crèche) Obs.541

STEphanie met son doigt dans une petite bouteille
en plastique; pleure:

Ste(1,7) - /aĭ/ [aïe /aĭ/]

je tire sur la bouteille, le doigt est libéré.
STE alors reprend la bouteille, et met à nouveau
son doigt dedans. Sur un ton plaintif un peu forcé:

Ste - /aĭ/

Ad. - ah non! t'éxagères, enlève-le! (en souriant)

STE enlève toute seule la bouteille et rit; Ad.
rit aussi, regards de complicité; alors, sans reprendre la bouteille,:

Ste - /a͡-ĭə/! [aïe (ton traînant)]

dit sans même le ton, en ne conservant de la mimique
de déplaisir que les sourcils légèrement froncés.
(regarde l'Ad. en riant malicieusement)
(crèche) Obs.543

ELO(2,6) pleure, MAG(2,9) l'a bousculée. Ad. console
ELO, qui désigne alors MAG en disant:

Elo - /se magali ɔsi/   [c'est Magali aussi
/se magali ɔsi/]
(crèche) Obs.544

> Les lits des enfants sont de simples matelas posés
> par terre, ils n'ont pas de place fixe;on reconnaît
> son lit grace au pompon qui y est attaché. Petit à
> petit, les enfants connaissent aussi les pompons des
> autres. A partir de ce moment-là, il y a possibilité
> d'humour: prendre par jeu le lit de l'autre.
> Les enfants les plus grands du groupe font quoti-
> diennement ce jeu, pendant l'installation des mate-
> las. Ils vont dans un lit, et appellent en riant l'en-
> fant à qui appartient le lit (particulièrement,
> ELO(2,6), LAE(2,4), SEB(2,5), soit les plus grands
> du groupe).
> Ce comportement ne tient pas à l'âge; les plus grands
> de la crèche sont en fait ceux qui y sont depuis le
> plus longtemps; ils en connaissent les rituels.
>
> Ce jeu se trouve plus petit; voir par exemple
> BEN(1,10). Cet épisode a été rapporté un matin à la
> crèche devant BEN, par ses parents. La veille au
> soir, une fois baigné et mis en pyjama, sans un mot
> et sans qu'on le remarque, BEN est allé tout douce-
> ment se coucher dans le lit de son grand frère. Il
> a attendu, les yeux brillants,et a éclaté de rire
> quand on l'y a trouvé; rire partagé par la famille
> bien entendu.
>
> (crèche)   Obs.550

> La petite fenêtre d'un jouet ayant été recollée le
> jour précédent, elle est sur une étagère en hauteur.
> ROM(2,7) prend le jouet correspondant, puis se rap-
> pelant qu'il y manque la petite fenêtre, vient vers
> Ad., désigne l'étagère (du doigt et des yeux – ce
> qui invite l'interlocuteur à regarder vers le même
> endroit –) en disant:
>
> Rom – /la fənɛt, akɔte! akɔte!/.../akɔte/!...
>   [la fenêtre, à côté(5 fois)/lafənɛtR, akɔte/]
>
> dit cela pour encourager l'Ad. à chercher; il ne
> s'agit pas d'une localisation de la même précision
> qu'en **français oral**.
>
> (crèche)   Obs.560

> Au moment du repas (le couvert est mis, rien n'est encore servi)
> ERW (2,1) porte son verre à la bouche et dit:
>
> Erw – /ma vɛ bwa də lo/!
>   [moi, vais boire de l'eau]
>
> et éclate de rire.

GLE (2,1), assis près de lui, le regarde en souriant et dit:

Gle - /a pa də lo/!
　　　　["y'a"pas de l'eau]
　　　　　　　　　　　　　　　(crèche) **Obs. 564**

Ad. montre un livre d'images à plusieurs enfants. Page G., un cheval avec une selle; Page D., un oiseau.
Ad. - *ça, c'est un cheval; il a une selle, on peut monter dessus.*
Gle - (désignant l'oiseau)
　　- /mõ sy wazo, mwa/　　　　[monte sur oiseau, moi]
et rit en regardant Ad. avec malice.
　　　　　　　　　　　　　　　(crèche) **Obs. 565**

STE (1,7) constate avec étonnement que les autres enfants ont fermé la porte; prend les Ad. à témoin:

Ste - /fɛme la pot, fɛme la pot/!
　　　　[fermé(r) la porte (2 fois)]
　　　　　　　　　　　　　　　(crèche) **Obs. 566**

---

dialogue entre JER (2,2) et sa maman:
Jer - *tu suis maman, toi, tu suis maman*
Ad. - *et oui, je suis maman et toi, qui es-tu?*
Jer - *moi, j' /e/ Jérôme*
　　　　　　　　　　　　　　　(crèche) **Obs. 567**

---

dialogue entre NIC (4,1) et sa maman:
Ad. - *et où tu vas maintenant?*
Nic - *je "vas" à l'école.*
　　　　　　　　　　　　　　　　　　Obs. 568

Obs. 569 TAN(de 17 à 19 mois). Enfant américaine observée par sa mère, Julia Falk, linguiste (M.S.U.):
évolution de termes désignant les liquides:

17 mois: /dus/ (pour "juice" /dʒus/) réfère à une boisson très spécifique (le jus de fruit dans une timbale précise, l'après-midi dans sa chaise personnelle).

18 mois: /dus/ désigne maintenant tout ce qui est liquide (y compris l'eau du bain, l'image d'eau à la télévision - cascades...)

19 mois : TAN étend son lexique de nouveaux termes, à nouveau très spécifiques, et qui définissent en retour un champ plus restreint pour /dus/ :
/dus/ : tous les liquides que l'on peut boire (à l'exception du lait) ;
/miw/ (pour "milk" /milk/ = "lait") : désigne d'abord le lait en boîte acheté au magasin, puis le lait sous toutes ses formes ;
/woji/ (pour "water" /watə:/ = "eau") : désigne seulement l'eau qui coule (cascades, eau qui s'écoule du robinet...) ; l'eau du bain et l'eau à boire restent /dus/.

INDEX

Pour chaque opérateur ou opération cité, les numéros renvoient aux observations présentant une utilisation, grammaticale ou non en français oral, intéressante pour la compréhension de l'opération ou de l'acquisition de l'opération :

à : 29, 210, 236, 365, 460, 519
able suffixé : 298
à cause de / à cause que : 395, 396
age suffixé : 12, 239
ainsi : 49
alors : 24, 53
assez : 44, 188
aussi : 13, 29, 340, 441, 505, 532, 544

beaucoup : 193, 234, 284
ben / et ben : 29, 36, 37, 276, 308, 344, 396, 419, 447, 462, 505
bien : 394, 416

comme : 1, 25, 49, 55, 171, 314, 444, 445, 446, 448
comme que : 119

d'ailleurs : 237, 250, 315, 341, 342
de : 365, 396, 419, 460, 529, 564
déjà : 84, 191, 242, 425, 451
double-actualisation : 17, 20, 72, 77, 81, 103, 114, 156, 197, 326, 336, 364, 415

/e/ : 32, 45, 51, 53, 84, 136, 169, 172, 173, 206, 213, 233, 277, 356, 566, 567
en : 216, 259, 266, 320, 356, 428, 454
en préfixé : 453, 454, 455, 456
en plus : 308, 317
encore : 43, 44, 84, 172, 281, 298, 451
enfin que : 54, 55, 64
et puis : 5, 136, 381
eur suffixé : 266

hein ? hein (ouais) (que) ? : 83, 217, 345, 415, 416, 431, 519

imparfait : 6, 32, 170, 204, 287, 308, 314, 335, 336, 378, 439, 455, 464, 465, 470, 516
infinitif : 78, 98, 105, 210, 213, 425

« langue au chat » : 108-A à 108-E

maintenant : 308, 317, 396
mais : 394, 444, 455, 469
même : 188, 416, 425, 504

même pas : 402
même pas vrai : 116, 123, 139
quand même : 416
« mourir » : 437, p. 59

négation : 19, 20, 29, 81, 171, 172, 181, 188, 207, 215, 275, 277, 305, 317, 342, 396, 406, 431, 505

on dirait : 61, 191, 207, 453, 459
on disait : 439
ou soit... ou soit... : 336

parce que : 55, 84, 276, 374, 541
pour : 79, 105, 192, 229, 362, 383, 516
puisque : 49, 230

quand même : 416

que : 13, 54, 217, 259, 341, 365, 419, 438, 441, 459, 462, 465, 469, 470, 506
que + conditionnel : 275, 362, 459
re préfixé : 7

sauf : 459, 462, 463
si : 153, 200, 215, 447, 470
si que : 141
si + conditionnel : 245, 344, 428
sinon : 276
subjonctif : 26, 51, 65, 105, 383, 386

tandis que : 80

un / le : 114, 375

y : 235, 242, 259, 266, 364, 465

Table des matières

Préface 7

INTRODUCTION 9

PREMIERE PARTIE: REFLEXION ET JEU SPONTANES DE L'ENFANT SUR LE LANGAGE (comportements métalinguistiques) 13

CHAPITRE I: L'ENFANT REFLECHIT SPONTANEMENT SUR LE LANGAGE 15

Le regard, les mimiques et le rire 16
Les questions explicites, implicites et opaques 22
Observations diverses faites par les enfants sur la langue 26
Formulations d'hypothèses sur la langue 30

CHAPITRE II: L'ENFANT JOUE SPONTANEMENT AVEC LE LANGAGE 43

Manipulations aux niveaux du phonème et de la syllabe 44
Manipulations au niveau du mot 52
Manipulations aux niveaux supérieurs au mot 58
Les bons mots d'enfants sont des «bons mots d'adultes» 62

CHAPITRE III: LA SUR-UTILISATION 69

CONCLUSION 75

DEUXIEME PARTIE: LA GRAMMAIRE DES «FAUTES» DES ENFANTS (stratégies métalinguistiques) 77

Introduction 79

Quelques mots sur la grammaire traditionnelle 80
Quelques éléments pour comprendre le langage et l'acquisition du langage .. 81
- extra-linguistique et linguistique 81
- une grammaire d'opérations 82
- construire sa grammaire 83

CHAPITRE I: LES OBJETS LINGUISTIQUES SIMPLES ET COMPLEXES
(mots et groupes de mots) 85

Objets linguistiques simples 85

    1) acquisition du lexique 85
        A. «mots concrets» 85
        B. «mots abstraits» 88
        C. «expressions toutes faites» 89
        D. mots dérivés 90
    2) stratégies pour pallier au manque d'objets linguistiques simples 92

Objets linguistiques complexes 94

    1) un, le (articles) 96
    2) mon (la possession) 97
    3) «c'est mon la mère» (la double-actualisation) 98
    4) er/é (infinitif/participe passé) 99
    5) à, de, que 101

CHAPITRE II: LES MISES EN RELATIONS (construction d'énoncés) ... 105

1) construire un énoncé 105
2) «Clara gâteau» 106
3) la morphologie du verbe 107
    A. «moi, je vas à l'école» (accord sujet-verbe) 108
    B. «j'avais peur» (système des temps) 109
    C. «si je serais un vampire...» (imparfait/conditionnel) 114
    D. «je peuve?» (subjonctif) 117
4) deux verbes particuliers, être et avoir 119
    A. rôles 119
    B. problème d'acquisition: «moi, j'/e/ Jérôme» 120

CHAPITRE III: LES OPERATIONS SUR LES MISES EN RELATIONS . 125

1) limitation de la mise en relation 125
2) négation de la relation 126
    A. fonctionnement 126
    B. «éteinds la lumière pas!» 127
3) interrogation sur la relation 129
    A. fonctionnement 129
    B. «hein ouais, il est l'heure de se coucher?» 130
4) modalisation 133
    A. fonctionnement 133
    B. «c'est DEJA un fauteuil!» 134

CHAPITRE IV: LES ENONCES INTERDEPENDANTS 139
plan du chapitre 142

1) «et puis... et puis...»	142
2) «aussi»	144
3) «déjà» / «encore»	147
4) «encore... encore...»	149
5) «puisque c'est ainsi» / «comme c'est comme ça»	151
6) «si que», «enfin que»...	154
7) agglutination / non-dissociation	159
CONCLUSION	165
CONCLUSION GENERALE	169
BIBLIOGRAPHIE	171
ANNEXE: corpus d'observations	173
INDEX	235

PSYCHOLOGIE ET SCIENCES HUMAINES
collection publiée sous la direction de MARC RICHELLE

1 Dr Paul Chauchard
   LA MAITRISE DE SOI, 9ᵉ éd.
5 François Duyckaerts
   LA FORMATION DU LIEN SEXUEL, 9ᵉ éd.
7 Paul-A. Osterrieth
   FAIRE DES ADULTES, 16ᵉ éd.
9 Daniel Widlöcher
   L'INTERPRETATION DES DESSINS D'ENFANTS, 9ᵉ éd.
11 Berthe Reymond-Rivier
   LE DEVELOPPEMENT SOCIAL DE L'ENFANT ET DE L'ADOLESCENT, 9ᵉ éd.
12 Maurice Dongier
   NEVROSES ET TROUBLES PSYCHOSOMATIQUES, 7ᵉ éd.
15 Roger Mucchielli
   INTRODUCTION A LA PSYCHOLOGIE STRUCTURALE, 3ᵉ éd.
16 Claude Köhler
   JEUNES DEFICIENTS MENTAUX, 4ᵉ éd.
21 Dr P. Geissmann et Dr R. Durand
   LES METHODES DE RELAXATION, 4ᵉ éd.
22 H. T. Klinkhamer-Steketée
   PSYCHOTHERAPIE PAR LE JEU, 3ᵉ éd.
23 Louis Corman
   L'EXAMEN PSYCHOLOGIQUE D'UN ENFANT, 3ᵉ éd.
24 Marc Richelle
   POURQUOI LES PSYCHOLOGUES?, 6ᵉ éd.
25 Lucien Israel
   LE MEDECIN FACE AU MALADE, 5ᵉ éd.
26 Francine Robaye-Geelen
   L'ENFANT AU CERVEAU BLESSE, 2ᵉ éd.
27 B.F. Skinner
   LA REVOLUTION SCIENTIFIQUE DE L'ENSEIGNEMENT, 3ᵉ éd.
28 Colette Durieu
   LA REEDUCATION DES APHASIQUES
29 J.C. Ruwet
   ETHOLOGIE: BIOLOGIE DU COMPORTEMENT, 3ᵉ éd.
30 Eugénie De Keyser
   ART ET MESURE DE L'ESPACE
32 Ernest Natalis
   CARREFOURS PSYCHOPEDAGOGIQUES
33 E. Hartmann
   BIOLOGIE DU REVE
34 Georges Bastin
   DICTIONNAIRE DE LA PSYCHOLOGIE SEXUELLE
35 Louis Corman
   PSYCHO-PATHOLOGIE DE LA RIVALITE FRATERNELLE
36 Dr G. Varenne
   L'ABUS DES DROGUES
37 Christian Debuyst, Julienne Joos
   L'ENFANT ET L'ADOLESCENT VOLEURS
38 B.-F. Skinner
   L'ANALYSE EXPERIMENTALE DU COMPORTEMENT, 2ᵉ éd.
39 D.J. West
   HOMOSEXUALITE
40 R. Droz et M. Rahmy
   LIRE PIAGET, 3ᵉ éd.
41 José M.R. Delgado
   LE CONDITIONNEMENT DU CERVEAU ET LA LIBERTE DE L'ESPRIT
42 Denis Szabo, Denis Gagné, Alice Parizeau
   L'ADOLESCENT ET LA SOCIETE, 2ᵉ éd.
43 Pierre Oléron
   LANGAGE ET DEVELOPPEMENT MENTAL, 2ᵉ éd.
44 Roger Mucchielli
   ANALYSE EXISTENTIELLE ET PSYCHOTHERAPIE PHENOMENO-STRUCTURALE

45 Gertrud L. Wyatt
   LA RELATION MERE-ENFANT ET L'ACQUISITION DU LANGAGE, 2ᵉ éd.
46 Dr Etienne De Greeff
   AMOUR ET CRIMES D'AMOUR
47 Louis Corman
   L'EDUCATION ECLAIREE PAR LA PSYCHANALYSE
48 Jean-Claude Benoit et Mario Berta
   L'ACTIVATION PSYCHOTHERAPIQUE
49 T. Ayllon et N. Azrin
   TRAITEMENT COMPORTEMENTAL EN INSTITUTION PSYCHIATRIQUE
50 G. Rucquoy
   LA CONSULTATION CONJUGALE
51 R. Titone
   LE BILINGUISME PRECOCE
52 G. Kellens
   BANQUEROUTE ET BANQUEROUTIERS
53 François Duyckaerts
   CONSCIENCE ET PRISE DE CONSCIENCE
54 Jacques Launay, Jacques Levine et Gilbert Maurey
   LE REVE EVEILLE-DIRIGE ET L'INCONSCIENT
55 Alain Lieury
   LA MEMOIRE
56 Louis Corman
   NARCISSISME ET FRUSTRATION D'AMOUR
57 E. Hartmann
   LES FONCTIONS DU SOMMEIL
58 Jean-Marie Paisse
   L'UNIVERS SYMBOLIQUE DE L'ENFANT ARRIERE MENTAL
59 Jacques Van Rillaer
   L'AGRESSIVITE HUMAINE
60 Georges Mounin
   LINGUISTIQUE ET TRADUCTION
61 Jérôme Kagan
   COMPRENDRE L'ENFANT
62 Michael S. Gazzaniga
   LE CERVEAU DEDOUBLE
63 Paul Cazayus
   L'APHASIE
64 X. Seron, J.L. Lambert, M. Van der Linden
   LA MODIFICATION DU COMPORTEMENT
65 W. Huber
   INTRODUCTION A LA PSYCHOLOGIE DE LA PERSONNALITE, 2ᵉ éd.
66 Emile Meurice
   PSYCHIATRIE ET VIE SOCIALE
67 J. Château, H. Gratiot-Alphandéry, R. Doron et P. Cazayus
   LES GRANDES PSYCHOLOGIES MODERNES
68 P. Sifnéos
   PSYCHOTHERAPIE BREVE ET CRISE EMOTIONNELLE
69 Marc Richelle
   B.F. SKINNER OU LE PERIL BEHAVIORISTE
70 J.P. Bronckart
   THEORIES DU LANGAGE
71 Anika Lemaire
   JACQUES LACAN, 2ᵉ éd. revue et augmentée
72 J.L. Lambert
   INTRODUCTION A L'ARRIERATION MENTALE
73 T.G.R. Bower
   DEVELOPPEMENT PSYCHOLOGIQUE DE LA PREMIERE ENFANCE
74 J. Rondal
   LANGAGE ET EDUCATION
75 Sheila Kitzinger
   PREPARER A L'ACCOUCHEMENT
76 Ovide Fontaine
   INTRODUCTION AUX THERAPIES COMPORTEMENTALES
77 Jacques-Philippe Leyens
   PSYCHOLOGIE SOCIALE, 2ᵉ éd.

78 Jean Rondal
VOTRE ENFANT APPREND A PARLER
79 Michel Legrand
LE TEST DE SZONDI
80 H.J. Eysenck
LA NEVROSE ET VOUS
81 Albert Demaret
ETHOLOGIE ET PSYCHIATRIE
82 Jean-Luc Lambert et Jean A. Rondal
LE MONGOLISME
83 Albert Bandura
L'APPRENTISSAGE SOCIAL
84 Xavier Seron
APHASIE ET NEUROPSYCHOLOGIE
85 Roger Rondeau
LES GROUPES EN CRISE?
86 J. Danset-Léger
L'ENFANT ET LES IMAGES DE LA LITTERATURE ENFANTINE
87 Herbert S. Terrace
NIM, UN CHIMPANZE QUI A APPRIS LE LANGAGE GESTUEL
88 Roger Gilbert
BON POUR ENSEIGNER?
89 Wing, Cooper et Sartorius
GUIDE POUR UN EXAMEN PSYCHIATRIQUE
90 Jean Costermans
PSYCHOLOGIE DU LANGAGE
91 Françoise Macar
LE TEMPS, PERSPECTIVES PSYCHOPHYSIOLOGIQUES
92 Jacques Van Rillaer
LES ILLUSIONS DE LA PSYCHANALYSE, 2ᵉ éd.
93 Alain Lieury
LES PROCEDES MNEMOTECHNIQUES
94 Georges Thinès
PHENOMENOLOGIE ET SCIENCE DU COMPORTEMENT
95 Rudolph Schaffer
COMPORTEMENT MATERNEL
96 Daniel Stern
MERE ET ENFANT, LES PREMIERES RELATIONS
97 R. Kempe & C. Kempe
L'ENFACE TORTUREE
98 Jean-Luc Lambert
ENSEIGNEMENT SPECIAL ET HANDICAP MENTAL
99 Jean Morval
INTRODUCTION A LA PSYCHOLOGIE DE L'ENVIRONNEMENT
100 Pierre Oleron et al.
SAVOIRS ET SAVOIR-FAIRE PSYCHOLOGIQUES CHEZ L'ENFANT
101 Bernard I. Murstein
STYLES DE VIE INTIME
102 Rondal/Lambert/Chipman
PSYCHOLINGUISTIQUE ET HANDICAP MENTAL
103 Brédart/Rondal
L'ANALYSE DU LANGAGE CHEZ L'ENFANT
104 David Malan
PSYCHODYNAMIQUE & PSYCHOTHERAPIE INDIVIDUELLE
105 Philippe Muller
WAGNER PAR SES REVES
106 John Eccles
LE MYSTERE HUMAIN
107 Xavier Seron
REEDUQUER LE CERVEAU
108 Moreau/Richelle
L'ACQUISITION DU LANGAGE
109 Georges Nizard
ANALYSE TRANSACTIONNELLE ET SOIN INFIRMIER
110 Howard Gardner
GRIBOUILLAGES ET DESSINS D'ENFANTS, LEUR SIGNIFICATION

111 Wilson/Otto
LA FEMME MODERNE ET L'ALCOOL
112 Edwards
DESSINER GRACE AU CERVEAU DROIT
113 Rondal
L'INTERACTION ADULTE-ENFANT
114 Blancheteau
L'APPRENTISSAGE CHEZ L'ANIMAL
115 Boutin
FORMATION ET DEVELOPPEMENTS
116 Húsen
L'ECOLE EN QUESTION
117 Ferrero/Besse
L'ENFANT ET SES COMPLEXES
118 R. Bruyer
LE VISAGE ET L'EXPRESSION FACIALE
119 J.P. Leyens
SOMMES-NOUS TOUS DES PSYCHOLOGUES?
120 J. Château
L'INTELLIGENCE OU LES INTELLIGENCES?
121 M. Claes
L'EXPERIENCE ADOLESCENTE
122 J. Hayes et P. Nutman
COMPRENDRE LES CHOMEURS
123 S. Sturdivant
LES FEMMES ET LA PSYCHOTHERAPIE
124 A. Pomerleau et G. Malcuit
L'ENFANT ET SON ENVIRONNEMENT
125 A. Van Hout et X. Seron
L'APHASIE DE L'ENFANT
126 A. Vergote
RELIGION, FOI, INCROYANCE

Hors collection

Paisse
PSYCHOPEDAGOGIE DE LA LUCIDITE
Paisse
ESSENCE DU PLATONISME
Collectif
SYSTEME AMDP
Boulangé/Lambert
LES AUTRES, L'EXPRESSION ARTISTIQUE CHEZ LES HANDICAPES MENTAUX

Manuels et Traités

2 Thinès
PSYCHOLOGIE DES ANIMAUX
3 Paulus
LA FONCTION SYMBOLIQUE ET LE LANGAGE
4 Richelle
L'ACQUISITION DU LANGAGE
5 Paulus
REFLEXES-EMOTIONS-INSTINCTS
Droz-Richelle
MANUEL DE PSYCHOLOGIE
Hurtig-Rondal
MANUEL DE PSYCHOLOGIE DE L'ENFANT (Tome 1)
Hurtig-Rondal
MANUEL DE PSYCHOLOGIE DE L'ENFANT (Tome 2)
Hurtig-Rondal
MANUEL DE PSYCHOLOGIE DE L'ENFANT (Tome 3)
Rondal-Seron
LES TROUBLES DU LANGAGE (DIAGNOSTIC ET REEDUCATION)